新潮新書

不要不急

横田南嶺 YOKOTA Nanrei
細川晋輔 HOSOKAWA Shinsuke
藤田一照 FUJITA Issho
阿純章 OKA Junsho
ネルケ無方 NÖLKE Muhō
露の団姫 TSUYUNO Maruko
松島靖朗 MATSUSHIMA Seiro
白川密成 SHIRAKAWA Missei
松本紹圭 MATSUMOTO Shokei
南直哉 MINAMI Jikisai

915

新潮社

はじめに――十人十色の〝不要不急〟

コロナ禍の日本において、盛んに喧伝されるようになった「不要不急」の四文字。二〇二〇年二月、政府が「不要不急の外出を控えるように」と呼び掛けてから、「コロナ禍の日常」を象徴する言葉として、あらゆる場所で耳にするようになりました。

いわく「不要不急の外出」「不要不急の仕事」「不要不急のイベント」「不要不急の冠婚葬祭」……その四文字を耳にするたびに「何が〝不要〟で、何が〝不急〟なのか」に戸惑い、頭を悩ませた人も多くいたことでしょう。もはやその問いは、〝行動〟や〝活動〟に対してのみならず、それぞれの〝存在〟についても深く突き刺さる、そんな状況に至っているのではないでしょうか。

意味の曖昧なまま突如投げ掛けられたその四文字を軸に、十人の仏教者とこれからの生活や世界の在り方を考えていこうというのが、本書の主旨です。

広辞苑では、「不要不急」を「どうしても必要というわけでもなく、急いでする必要もないこと」と説明しています。しかし「そうではないもの」とするだけで、はっきりとした基準が示されているわけではありません。

通勤、買い物、外食といった生活全般、読書や音楽・映画鑑賞、運動行事といった文化活動、通学や塾通い、習い事といった教育関連、そしてお祝いやお参り、弔いといった冠婚葬祭など、その必要性や緊急性はそれぞれの文脈に依存するものであり、それを無視して、何が不要で何が不急なのかを一概に仕分けすることはできません。

本来ならば、あらゆるジャンルを横断して考えていくべきテーマではありますが、本書の執筆者を仏教者に絞ったのは、禅僧・細川晋輔師の著書『禅の言葉とジブリ』（徳間書店）にある一節がヒントとなったためです。

細川師は同書において、「二〇二〇年三月、世界はコロナ禍に巻き込まれ、暗く重い日々が続いていました。そんな中、『不要不急』という世界を巻き込む感染症の拡大防止のために、ある日突然、突きつけられた言葉。まるで、禅問答のように考えさせられました」「率直に『不要不急』という四文字が、私の中では禅問答のようにすごく重いものとなりました」と述べています。

臨済宗の僧侶である細川師は、これまでも多くの禅の公案に触れてこられました。その細川師が「不要不急」の四文字をあたかも〝公案〟の如くとらえ、コロナ禍の世界を過ごすヒントとして考えるに至ったと言うのです。実際に細川師は、自坊での坐禅会や江戸時代から続く伝統行事の中止を余儀なくされ、導師をつとめる葬儀についても、今まで通りとはいかなくなったようです。

「不要不急」の四文字は、仏教界にも忍び込み、そこで多くのお坊さんが、その意味するところや、これからのお寺の在り方や葬儀について思案を続けています。

お参りや読経は、不要不急のものなのか？

葬儀は、不要不急のものなのか？

坐禅は、不要不急のものなのか？

仏教は？　そして宗教は――。

しかし本書は、仏教界における「不要不急」についてのみ議論したいわけではありません。考えたいのは、特定のジャンルではなく、広く一般社会におけるこれからの生き方や生活についてです。約二千五百年にわたって蓄積された、仏教の智慧。そこには、

「苦境とどう向き合うべきか」や「人はいかに生きていくべきか」についてのヒントがたくさん詰まっているはずです。

ご登場いただく十人の仏教者は、年齢も宗派もバラバラです。「不要不急」というテーマをめぐっても、議論する内容や角度はさまざま。それに本書は、何か「ひとつの答え」を導き出すのが目的ではありません。

しかし、「不要不急」という難題を考えるにあたって、仏教が大きなヒントを与えてくれると、それぞれ力のこもった原稿が届いた今、確信しています。そこには、コロナ禍の日常を生きる我々にとって指針となるような言葉や考え方が示されています。

二〇一一年の東日本大震災の際、仏教者がボランティアとして続々と被災地に赴き、死者の弔いなどに尽力したことは記憶に新しく、そのような生と死をめぐる価値観が揺さぶられた時こそ、仏教の出番です。

はたして、「不要不急」という難題に、仏教はどうこたえるのか。

お坊さんによる十人十色の「不要不急論」を、お届けいたします。

（令和三年六月　編集部記）

不要不急　苦境と向き合う仏教の智慧　目次

一 人生に夜があるように

――横田南嶺

横田南嶺（よこた・なんれい）
臨済宗円覚寺派管長。花園大学総長。一九六四年和歌山県生まれ。大学在学中に出家得度し、卒業と同時に京都建仁寺僧堂で修行。一九九一年より円覚寺僧堂で修行し、一九九九年、円覚寺僧堂師家に就任。二〇一〇年、同管長に就任。二〇一七年、花園大学総長に就任。著書に『自分を創る禅の教え』『禅が教える人生の大道』『人生を照らす禅の言葉』『十牛図に学ぶ』（以上、致知出版社）、『仏心のひとしずく』『仏心の中を歩む』（以上、春秋社）などがある。

「風車風が吹くまで昼寝かな」

言葉というものは、ある特定の物や、事象を表現するために用いられるのでしょうが、言葉が一人歩きしてしまうこともあります。

「不要不急」という言葉などもそのように思います。何が不要不急なのか、誰にとっての不要不急なのか、同じ人であっても、どのような場合に不要不急なのか、変わってくるはずであります。それを一つの言葉にして論じるのは難しいものです。

平成の時代が終わりを告げ、令和という新しい年号の幕開けに皆希望を抱いたものです。しかし、令和二年はきっと後世、歴史に残る年として語られるのではないかと思います。

この年、新型コロナウイルス感染症が蔓延してゆくに随《したが》って世の中は急激に変わりました。そんな中で、忙しくなった方と仕事がなくなった方がいらっしゃると思います。

初めて緊急事態宣言が出された時には、「不要不急の外出は控えてください」との言葉によって、「不要不急」と思われる行事はほとんど行われなくなってしまいました。

スポーツ、芸能などは、不要不急とされたのでしょう。最初の緊急事態宣言下ではほとんど自粛となってしまいました。

その反面で、医療関係の方や、流通に携わっておられる方、それに役所の方々は、より一層忙しくなられたのであります。そんな方々には頭の下がる思いがしたのでした。

私はというと、令和二年の二月二十二日に愛媛県伊予郡砥部町にある坂村真民記念館で講演をしたのを最後に、九月まですべての講演、法話、研修会、坐禅会がキャンセル、もしくは翌年に持ち越しになりました。ぎっしりと詰まっていた私の予定表は、すべて空白になりました。「不要不急の催しは控えるように」との一言で、私の予定はすべて消えてしまいました。自分の行ってきたことは、不要不急であったのだと身に沁みました。

そのときに何を思ったかと言いますとまず「風車風が吹くまで昼寝かな」という廣田弘毅の一句であります。ジタバタしても仕方在りません。外出の必要が無くなりましたので、しばらくは畑を耕していました。禅寺のもともとの暮らしに帰ればいいのだと思っていました。

しかし、次第にただ畑を耕して自分だけ満足していては申し訳ないと思うようになりました。医療従事者をはじめ行政の方や流通に携わる方や、多くの方々が一所懸命に働いてくださっていることにしみじみと感謝し、このたびの感染症でお亡くなりになった方のご冥福と、感染症の収束と、現場で働いてくださっている方々のご健康を祈ることの大切さを実感したのでした。

かつては、皆で集まって祈ることができ、その祈ることによって、大きな力を得られたものです。東日本大震災のあとはまさにそうでした。祈りの大切さを学んだのでした。被災地で祈り、或いは鎌倉で祈り、多くの方が集まり、心を一つにして祈ったのでした。ところが、今回は集まることができなくなり困りました。そこでやむなく、動画という新しい媒体を利用しながら、祈りの心を届け、加えて毎月の法話などを配信するように努力しました。

私は京都の花園大学の総長も兼任していますので、毎月京都に出講して、月に一度の講義を担当していました。

これも令和二年前期はオンラインでの授業となりました。各学校でも、オンライン授業という新たな取り組みに、先生方はたいへんなご苦労をなさったようであります。学生さんたちもまた、学校に行けずに毎日パソコンやスマホで講義を受けるという不自由な中を辛抱せざるを得なかったのでした。令和二年に大学に入学した生徒さんは、入学式も無く、キャンパスに入らないまま一年を終えた方も大勢いたのでした。

寺の坐禅会も当分開催を見込めなくなりました。円覚寺の坐禅会は、大勢の方が集まってくれる人気のあるものでしたが、その人気があって大勢集まることが、今回あだになったのです。そこでついにオンライン坐禅会というものにも挑戦してみました。

オンラインには、はじめ抵抗がありました。坐禅は、オンラインの電源を切ることから始まるのだと思っていたのです。

これらの新しい試みは、既に円覚寺に来られていた方のみならず、まだ来たこともない方、私の話を聞いたこともない方、坐禅をしたこともない方も参加されたりしました。そうして、お寺で催していた頃よりも遥かに大勢の皆さんに、新たなご縁を結ぶことができたのでした。

どんなに思いもかけない状況になったとしても、そこで何ができるかを工夫することは決して無駄ではないと思いました。

そんな次第で、「不要不急」という言葉にはいろんな事を考えさせられました。「不要不急」という言葉を広辞苑で調べてみますと、「どうしても必要というわけでもなく、急いでする必要もないこと」と書かれています。急いでする必要もない、どうしても必要というわけでもないという微妙な言い回しであって、まったく要らないといっているわけでもなさそうなのです。

「不要不急」の我が人生

思えば、私の今日までの歩みは「不要不急」であったと思います。「不要不急」のことに打ちこんできたと言っていいでしょう。幼少の頃に、身内の者の死に遭い、死とはなにかと疑問を持って、坐禅の道に解決を求めました。中学生になってからは、禅問答の修行も正式に始めました。俗に訳の分からぬことを「禅問答のようだ」という、あの禅問答です。中学生の時に始めて、今日に到るまで、四十年以上も行ってきました。中学高校の頃はまわりの仲間たちは、皆受験勉強に熱心でありました。しかし、私は受験勉強や偏差値で人を評価するようなことには疑問を持って、そんな周囲の者たちには一人背を向けて坐禅に打ちこんでいました。受験が急務であるはずの高校生にとっては、全く「不要不急」である坐禅に打ちこんできたのでした。

大学を出てからは、修行道場に入って雲水修行を十数年行ってきました。学校の友達などは、皆社会で活躍しているというのに、ずっと草鞋《わらじ》を履いて托鉢《たくはつ》しては、坐禅するという暮らしをしてきました。

三十代の半ばで、師家《しけ》という役に就きましたものの、檀家もわずかしか無く、修行僧の頃と同じ暮らしを続けてきたのでした。誰にも顧みられることのない、「不要不急」の暮らしでありました。

四十五歳で、円覚寺派の管長に就任してからというもの、少しは世間に関わるようになってまいりました。それまでずっと「死」について考えてきて、誰からも相手にされなかったのが、「死」について講演をして欲しいなどと頼まれるようになってきました。とりわけ東日本大震災のあとからは、講演、法話などにも力を入れてきました。おかげで円覚寺には多くの方々が集まって私の話を聞いてくださり、坐禅をしてくださるようになりました。頼まれては外にも講演に出掛けるようになったのでした。

ところが、そんなことはすべて「不要不急」として無くなってしまったのでした。「不要不急」の我が人生が、少しはお役に立つようになったかと思い始めた頃でした。あたかも、長い間かけて築き上げた砂の山を一気に流されたような思いでした。

「仏法は障子の引きて峰の松」

この頃、こんな言葉を思い起こし、口ずさんでいました。「仏法は障子の引きて峰の松火打袋にうぐいすの声」というものです。これは、高校生の頃によく口ずさんでいた歌であります。

和歌を思い出したものの、どこに書いてあったものなのかは忘れていました。今の時代ですと、すぐに検索するのでしょうが、私の頭の中で、どこで見た言葉なのか気になっていました。しばらく考えている内に、高校生の頃に山田無文老師の本で見たような気がしてきました。更にしばらく考えていると、『碧巌《へきがん》物語』という本にあったように思い出して、書庫から捜してきました。

山田無文老師の解説を読んでみます。

「『仏法は障子の引きて峰の松火打袋にうぐいすの声』と古人は歌った。障子の引き手は、綺麗に張られた障子の一コマにわざわざキズをつけるのであるが、このキズがないと大いに不自由である。峰の松は何百年来切って用材に使うことのない、いわば無用の長物であるが、この無用の長物のためにどれだけ往来の旅人が慰められ、道を教えられ、勇気づけられたことであろう。

火打袋は今日のマッチやライターのごとく軽便に行かぬので、はなはだ厄介千万な代物だが、愛煙家にはどうしても欠くべからざるもの、これを忘れた時の淋しさ不自由さは譬えようもないであろう。また鶯がどんな良い声で鳴いたとて、銭もうけにも腹のたしにもならんが、この何にもならぬ鶯の声が、如何ばかり人生を和らげ潤おしてくれることか。

考えてみれば仏法というものも、所詮障子の引き手のごとく峰の松のごとく、はた火打袋か鶯の声のごとく、無用の長物に過ぎん。しかしこの無用の用こそ人生にとって最も大切なものだというわけである」という解説でした。

松原泰道先生も『文藝春秋』(二〇〇八年一月号)で当時の東京都知事だった石原慎太郎さんと対談された時にこの和歌を引用されています。松原先生の解説も参照してみましょう。

「仏教は、障子の引き手や峰の松、火打石を入れる袋や鶯の声のように、なくても困らないが、それがあることによって、そのものの動きがよくなる。仏教は生きるための必需品ではないけれど、あればより人生が崇高に価値あるものになる」というものであります。

私が高校生の頃、この歌に心ひかれたのは、単に世の役に立てばよいという考えに反感を持っていたからでしょう。まわりの者が皆受験勉強に熱をあげている時に、誰にも見向きのされない坐禅に打ちこんでいたのもそのためです。

老荘思想では、「無用の用」ということが説かれています。一見無用に思われるものが却って役に立つということなのです。

粘土をこねて器を作りますが、中央のくぼんでいる空間があってこそ、器としての用をなしているのです。戸や窓によって部屋が作られますが、中の空間があってこそ、部屋の用をなしているのです。このように、何かがあって利益がもたらされるのは、何もないところに効用があるからなのだというのです。

たしかにどんな立派な茶碗でも中が詰まっていれば何にもなりません。一番大事なのは中のカラッポの部分であります。部屋でも建具や柱が大切なのは言うまでもありませんが、中の空間が大事なのであって、有が役に立つのは、無があるからだというのであります。

「有の利を為すは無の用を為す為」

このように、一見役に立たないものが、却って役に立つことがあるのです。円覚寺の門のところに猫がおります。もともとお寺では、動物を飼ってはいけないという決まりがありました。この頃は犬を飼っているお寺もありますが、お釈迦さまは禁じられました。ただ猫は例外だったと教わっています。ねずみが増えて大蔵経など、大切な宝物をかじって仕方の無いときには、猫を飼ってねずみよけにしてもいいというのでした。この頃の猫は、随分上等な餌をいただいているので、ねずみを捕るようなことは少ないと思います。円覚寺の猫にしても、いつも餌をいただいていますのでねずみは捕っていないと思います。何かの役に立っているのかというと、観光客の人気者、人気猫だというくらいなのです。しかし、あの猫が門のところにいると、それだけでホッとします。緊急事態宣言がはじめて出されて、境内に来る人が誰もいなくなった時などには、いつもと同じようにたたずんでいる猫を見ますと、それだけでホッとしたものです。

効率のいいもの、生産性の高いものばかりを追い求めていては、心が窮屈になってしまいます。「有の利を為すは無の用を為す為」だということがあるのです。

夜眠ることなどもそうでしょう。ずっと昼間ばかりで、働き通しで働いて考え通しで考えていたら、人間はおかしくなってしまいます。

　無用というとお花などもそうかもしれません。別段花があろうが無かろうが、食べられるわけではありません。しかし、花が咲いていると心が和みます。仏教では花は大事なものであります。お墓にしてもお仏壇にしてもお花を供えます。お墓にお花を供えても、夏の暑さの中ではすぐに枯れるだけです。無用といえば無用かもしれません。しかし、お花を供える心というものは、決して無くしたくないものです。

　仏教はお花に縁が深い教えです。まずお釈迦様がお生まれになった時に、花が降り注いだといいます。お釈迦様のお生まれになった日を花まつりといってお祝いします。お釈迦様が花を拈《ねん》じて迦葉《かしょう》尊者に示したのが禅の始まりです。お亡くなりになるときには、沙羅双樹《さらそうじゅ》が時ならぬのに花を開いたと言います。

　お互いの人生においても、花を贈ることは多くあります。お墓やお仏壇だけではありません。お祝いに花を贈ります。お見舞いにも花を贈ります。大切な人にも花を贈ります。別にお腹の足しになるわけではありません。たまに講演会などで花束贈呈というものがあります。私などはもらっても後で困るだけなのですが、それでも嬉しいものです。

　大乗仏教の教えは華厳《けごん》の教えが究極だと言われています。私のいる円覚寺にしても華厳の教えを具現化して建てられたものです。華厳という言葉は「雑華《ぞうけ》厳飾《ごんじき》」といって、さまざまなお花でこの世を飾るという意味なのであります。まさしく無用の用によってこの世を飾るのであります。

かつてYouTubeの円覚寺のチャンネルで、龍雲寺の細川晋輔老師と対談した折に、「不要不急」について語り合いました。細川老師もまた、坐禅会など自分が力を入れてやっていたことがすべて中止になってしまい、「不要不急」だと落ち込んだらしいのですが、この「不要不急」こそが人生を豊かにするのだと気がついたと仰せになっていました。まさにその通りであります。

「宗教は夜のようなもの」

令和三年、年が明けると再び十一の都府県に緊急事態宣言が発令されました。二回目の緊急事態宣言は、一回目の時とは趣が異なり、主に飲食店に関する規制でありましたので、多くの人の受け止め方も変わってきました。

二月七日の毎日新聞の「記者のきもち」というコラム記事に「『不要不急』ではない」という題の文章がありました。

「落語なんて不要不急ですからね」と、緊急事態宣言が出たばかりの一月上旬、横浜の高座で噺家が本題に入る前の枕でこぼしたという話から始まります。

その記者の方は、「正月明けの冬休みに予定していた旅行は、宣言が出てキャンセル。暇を持て余していたところで、以前から興味のあった横浜にぎわい座に行こうと思い立った。代わる代わる繰り広げられる小咄に声を上げて笑った」、そしてこんな笑いによって、「すさんでいた心に明るさが戻った」と書かれていました。

そして最後に、「落語のような娯楽だったり、気晴らしの酒だったり。コロナ禍の下で『不要不急』とされることが多いけれど、そんなことはない」というのでした。

「不要不急」といい、「無用の長物」といわれるのでしょうが、その無用なものが、毎日の暮らしを支えるもとにもなるのであります。「不要不急」「無用の用」を楽しみ、大切にする暮らしを今一度考え直してみたいと思うのであります。コロナ禍でそんなことも思うようになりました。

そんなことを山田無文老師は次のように説かれています。

「無用の長物」と題するコラム記事であります。古い新聞の切り抜きで、何新聞でいつのものかも分からなくなってしまっていますが、良い言葉と思って、書き取っていたものです。

「人生に夜のあることはうれしいことである。どんなに仕事の好きな人も、夜は仕事を忘れて眠る。どんなに金もうけの好きな人も、夜はその貪欲をわすれて眠る。どんなに学問の好きな人も、夜は本を書棚におさめて眠る。生命をかけた戦場の勇士も、夜は銃をまくらにしてしばしまどろむであろう。

宗教の世界も、夜のようなものではなかろうか。弥陀の本願には老少善悪の人をえらばれず、善き者にも悪しき者にも、神は同じく雨を降らせたもう。世の成功者も、ここではその誇りを忘れて平凡な人の子となり、世の敗残者も、ここではその失意を忘れて、神のふところにいだかれる。

宗教の世界とは、夜のごとく争いと裁きの憂いのないやすらぎの世界である。

宿題宿題で先生には鞭うたれる。勉強勉強で家庭では尻をたたかれる。友達は見向きもしてくれない。今ごろの高校生には、心の安まる夜がないようだ。そこで一朝つまずくと、とりかえしのつかんことにもなろう。

大事な人生に、夜が半分もあるのは、無駄のようである。忙しい今の世の中に、静かにすわる宗教などは無用の長物とも思われよう。しかしその無駄が決して無駄ではないことを忘れてはなるまい」というのであります。

「無分別」に触れる

「不要不急」が無くなってしまっては、人間は疲弊します。夜が無くなって昼だけになったら、疲れ果てるようなものでしょう。

たとえ「不要不急」と言われようが、やはり人間は穏やかな気持ちになる時が必要です。では、いったいどんな時に穏やかな気持ちになれるのでしょうか。

静かに大空を仰いだ時、広い公園で大木を見上げた時、清流を見た時、浮かんでは消える雲を眺めている時、花が咲いているのを見た時などいろいろあります。花といっても、枝振りを整えて活けられた花よりも、野に咲く花がいいと思います。

他にも、赤ん坊を見る時、なんとなく穏やかな気持ちになるものです。人見知りをするようになってからよりも、まだそんな意識もない頃の子どもの表情を見ていると穏やかな気持ちになります。

子犬や子猫を見る時、これも穏やかな気持ちになれます。これらの時というのは、「不要不急」に入れられることでしょうが、無くては息が詰まるものです。

そして気がついたのは、この私たちを穏やかな気持ちにしてくれるものというのは、皆「無分別」であることです。

花が咲くのも無心です。枝を整えようなどという計らいのない無分別がいいのです。赤ん坊も、人見知りをするような分別意識のない無分別であります。子犬も子猫も全く無心そのものであり、無分別です。

無分別に触れると心が穏やかになるのだと気がつきました。それは、なぜかというと、無分別こそがお互いのふるさとなのだと思うからです。

人間は、あれこれ分別して生まれてきたのではありません。大自然の大いなるはたらきのままに、即ち無分別のはたらきによってこの世に生まれてきています。

その無分別に触れた時に、人は穏やかな気持ちになり、笑顔になれるのだと思います。毎日の暮らしに笑顔もないと息が詰まります。

笑うという言葉の語源について、諸説あるようですが、「笑う」は「割る」から派生した言葉だといいます。根っこに、固く結んだものが割れる、ほころぶという意味が潜むというのです。

だから顔をほころばせることを笑うというのです。花が咲くことも、笑うといいます。

つぼみが割れて開くことになるからでしょう。

分別意識に固まっている心が、割れて開かれる時に、笑うのでありましょう。ですから、笑うのは無分別であります。

山田無文老師の説かれた「夜の世界」というものが、「無分別」の世界です。もっとも穏やかな気持ちになれる世界なのです。

「不要不急」という言葉によって、「無用の長物」が排斥されたり、「無分別」が避けられたりして、分別の世界ばかりになってしまうと、穏やかな気持ちから遠ざかってしまいます。ギスギスした世になってしまいます。いじめやハラスメント、更には犯罪も増えることになりかねません。

夜は何もかも忘れて眠る、時には静かに坐ってみる、空を見上げて微笑む、野に咲く花を見て微笑む、そんな穏やかな気持ちになる時を大切にしたいものです。

山田無文老師が説かれたように、人生に夜の世界は必要です。今の世に、「不要不急」の僧が集まって、「不要不急」の本を出すという、こんなことも必要なのかもしれません。有り難いことなのだと思うのであります。

㈡「不要不急」という禅問答

——細川晋輔

細川晋輔（ほそかわ・しんすけ）
東京都龍雲寺（臨済宗）住職。一九七九年東京都生まれ。大学卒業後、京都にある臨済宗妙心寺の専門道場にて九年間の修行生活をおくる。二〇一三年より現職。著書に『人生に信念はいらない』（新潮新書）、『迷いが消える禅のひとこと』（サンマーク出版）、『禅の言葉とジブリ』（徳間書店）などがある。

「生老病死」と直面する

禅は今の状況にある私たちを、どのように導いてくれるのでしょうか。禅は先が見えない真っ暗闇の中にいる私たちに、朝日の光を見せてくれるのでしょうか?

令和三年、世界は依然としてコロナ禍の中にあります。日本でも新年早々、緊急事態宣言が発令され、例年とは異なる正月を誰もが迎えることとなりました。まずもって、その中で医療に携わっておられる方々、自粛中でも私たちの生活がまわるように働いてくださっている方々には、心より感謝申し上げます。また、お亡くなりになられた方々、そのご遺族には衷心よりお悔やみ申し上げ、罹患された方々にはお見舞い申し上げます。つい一年前まではまさに「対岸の火事」で、まったく想像しなかったこの事態。コロナさえなければ、きっと全てのことがつつがなく執り行われていたはずなのに。

寺院を取り巻く環境にも、影響は少なからずありました。暮れの除夜の鐘も縮小開催とし、感染症の拡大防止のため、寺での坐禅会や写経会、法話の会など、仏教の教えを伝える「布教」と呼ばれる教化活動のほとんどは、去年の春から休止状態となっています。もちろんそれは、医療従事者への敬意と、参加者の安全のため、やむを得ない判断でありました。

コロナ感染症は、私たちに強烈なものを突きつけました。それは、仏教の根本の教えである「生老病死」の中でも、特に日常では考えることのない「死」というものです。戦争や震災などを経験された方を除いては、これほどまで「死」というものを、肌感覚で意識したことはなかったと思うのです。

自分自身の不注意や不用意な行動が、大切な人を死に追いやるという恐怖。症状がでないこと、またウイルスを目視できないことが、その恐怖心をさらに大きくしていくのです。特に両親と同居されていたり、持病を抱えていたりする方にとっては一大事、日々の報道とともに、私たちの平穏な心を蝕んでいくのです。こうなると、大切な人との別れであるご葬儀や年忌のご法事も、参加者の命のリスクを冒してまで行うものであるかどうかが問われ、中止や延期、縮小されていくことは当然のことなのかもしれません。

二つの柱を奪われる

ある日突然テレビや新聞に現れた「不要不急」という言葉。自分自身の一つ一つの行為が必要であるか、急を要するものであるか、その価値判断を私たちは迫られることとなりました。これは不要不急であるからやめておこうか、これならやっていいかというように。

八年前にお寺の住職となった私には、二つの所信がありました。それは先代住職がはじめた毎週日曜日の朝の坐禅会を、休まずに続けていくこと。もう一つは江戸時代からお寺に続く三峯《みつみね》神社、榛名《はるな》神社へ参拝する「野沢講」を継続することでした。

坐禅会は、一人でも多くの方にご参加いただきたいと工夫や努力を重ねてまいりました。そして、常に七十人から八十人ほどご参加いただけるほど大きな会になりました。坐禅会の成長に、それなりの達成感を抱いていましたが、コロナ禍では逆に大きな課題となりました。言うまでもなく坐禅会が、「密閉、密集、密接」の「三密」状態となり、所謂《いわゆる》自粛の対象になってしまったのです。

この「三密」という定義で、全ての行為が判断されていくことになるのです。もう一つの所信であった「野沢講」は、ご年配の方々とバスで神社にお参りするお寺の行事です。ご本人は「毎年のことだから参加したい」と言ってくださっても、そのご家族の快諾を得ることは、とても難しいものがありました。選択をお任せするというやり方も無責任かと思い、やむを得ず延期とすることとなりました。考えてみると、お寺の行事一つ一つが、「密閉」を除いた「三密」を、むしろ目指してきたのかもしれません。

僧侶として、お寺の住職としての大きな二つの柱、これだけは守っていきたいというものが、世間の物差しで言えば「不要不急」であったことに、私自身大きな失望がありました。四十歳という年齢でいうのも何ですが、人生をかけて取り組んできたものを、「不要なもの」と、完全に否定されたように思えたのです。

もちろん、専門家に相談して、どうにか開催できないかと模索してみました。いただいた答えは、アクリル板を使用、毎回座布団を洗濯すること、人数の制限などでしたが、実際問題として非現実的であり、構えずに参加していただきたいという私の坐禅会の主旨とはかけ離れてしまったのです。

私は坐禅とは「健康」（白隠禅師が江戸時代に作られたとも言われる語「からだとこころがやすらかに」）のために行うべきものであると考えています。であるならば、参加者の健康と安全を第一に考えれば、会を中止にするのは至極当然のことと言わざるを得ません。

令和二年の緊急事態宣言後は、ご法事も少なくなり、お寺に来られるお客様もほとんどなくなりました。庭の掃除や物置の整理など、幸いなことにお寺はやることが山盛りで、そんなことに毎日取り組んでおりました。お寺を綺麗にしておけば、コロナが落ち着いてから、来ていただける人に喜んでもらえる。整理整頓しておけば、収束後の仕事が円滑におこなえる。そんな時間にしようと思うのですが、柱を失ってしまった私に以前のような活力はありませんでした。

不要不急という言葉が、まるで禅問答のように私に重くのしかかっていたのです。

禅問答の教え

「禅問答」は私たち臨済宗の代表的な修行になります。そして、その禅問答で使用する問題を「公案」といいます。禅の真理の実証へと導くため「公案」という一種の問題を修行者に与えて解かしめるのです。

公案は、大きくは「古則《こそく》公案」と「現成《げんじょう》公案」の二つに分けることができます。「古則公案」は、伝説的な高僧方の発言や行いを元にして作られた問題であり、その数は、千をゆうに超えると言われています。心の眼が開かれた禅者による、深い思索と豊かな実践により打ち出されたものであり、「霧《む》海《かい》の南針《なんしん》」と呼ばれ、仏法の大海に投げ出された禅修行の初心者にとって、霧深い大海を航海する船の羅針盤のように、常に自分が目指すべき方向を指し示してくれるものなのです。

「現成公案」は、現前成就の意味で「微塵も隠すことなく、ありのままに現れていること」を指しています。現成公案は、応用問題とも考えることができ、自分自身の人生に巻き起こるすべての出来事がそれにあたるといっても過言ではありません。

私たちは目の前の現象を、どうしても比較・相対して認識してしまいます。「善悪」「白黒」「高低」「好き嫌い」というように。成長するに従って、私たちは物事を二元化しながら対立的に判断しているのです。

私たち臨済宗では、この二元的な概念を超え、相対的なものの見方を手放した先にあるものこそが、「無の境地」であり「禅の悟り」であると信じるのです。そして、禅問答で用いる「公案」は、二元対立を超えて悟りへ到るための道標となります。

このコロナ禍で私が突きつけられたのは「不要不急」という現成公案になるでしょうか。この「公案」の指し示した先にはきっと自分を救ってくれる答えがあるように思えたのです。なぜなら、公案に取り組むにあたって一番大切なことは、今までの価値観に囚われないことであるからです。人生の中では、今まで大切に蓄えてきた知識や経験が役にたたないこともあるはずです。そんな時は、その大切なものを一度手放してみるというのが禅的な生き方になります。

少しの時間、立ち止まり自分自身に問いかけて、心の裡から出てきた答えを正解と信じて生きていくのが禅の教えであり、そのために禅問答があるのですから。

オンライン坐禅会とYouTube法話

なかなか「不要不急」という禅問答に対する答えが見つからないまま、日々を過ごしておりました。そんな折、私は臨済宗の中から二つの新しい風が吹いたのを感じたのです。

一つ目は、YouTubeでの仏教の動画配信です。円覚寺管長であられる横田南嶺老大師や花園大学の佐々木閑《しずか》先生の仏教の教えを伝えるための動画は、そのまま書籍化されるほど内容の濃いお話なのです。それが、次から次へと配信されはじめ、そのレベルの高さに感嘆します。コロナがなければ、もしかするとこのようなことはなかったかもしれません。そのたくさんの再生数が、世間の人々が仏教や禅というものに興味をお持ちであることを私に示してくれたのです。

もう一つは、若い僧侶の集まりである臨済宗青年僧の会が開催された「オンライン坐禅会」です。毎日、多いときは三回ほどオンラインで坐禅会をはじめられたのです。伝統を重んじる禅宗において、最初は「さすがにオンラインでの坐禅は無理であろう」と否定的であった私ですが、実際参加してみると、そんな思惑をあっさりと裏切ってくれました。

オンラインですので、パソコンとネット環境さえあれば、誰でも行うことができる。これでこの自粛期間中に坐禅会を開催できる。それも参加者のリスクがないかたちで。これを受けて、それからは龍雲寺でも毎週日曜日の朝に、オンライン坐禅会を行うようになったのです。

同じ時間を共有して坐禅を行い、少し禅の話をさせていただく。ネット環境が途中で悪くなるなどのアクシデントもありましたが、むしろ参加者から「オンラインはこういうものですよ」と優しい言葉をいただきながら、順調に回を重ねることができました。

このオンライン坐禅会は、まさに「距離」という問題を解決してくれました。坐禅に興味はあったがお寺まで遠くて来られなかったという方や、中には海外から時差を乗り越えて参加してくださる方もいらっしゃるのです。また病室のベッドからご参加くださった方もおられました。坐禅会に参加したいが、どうしても参加できない方がこれほど多くいらっしゃるということに、恥ずかしながら今回になって気づくことができました。

私は坐禅会というものはお寺の本堂で行うものということに固執して、握りしめていたのです。禅は「手放すこと」を説く教えでありながら。そして忘れてしまっていたのは、一度手放したものがどこかに消えてなくなるわけではないということです。ただ、もう一度すくい上げたらいいのです。このことに気づいてから、私にとって坐禅会は「いつでも手放せる大切なもの」となったのです。

このように目の前にある自分にできることを見つけ、日々取り組んで行く中で、「随《ずい》処作主《しょさしゅ》」という言葉が思い浮かんできたのです。

「随処作主、立処皆真」

「随処に主《しゅ》と作《な》れば、立処皆真《りっしょみなしん》なり」（『臨済録』）と読むことができ、臨済宗の開祖・臨済義玄《りんざいぎげん》禅師の言葉です。禅語（禅の言葉）の中でも、特にビジネスの世界に禅を紹介するときによく用いられる語で、あらゆる場面で主体性を持って生きることの大切さを説いているのです。

主体性を持つとは、「僕が、私が」と我を通すことではありません。置かれた場所で隙をつくることなく精一杯行うことなのです。そうすれば、どこにあっても真実のいのちに出会うことができるというのです。そして『臨済録』には続きがあります。「境《きょう》来たれども、回換《えかん》することを得ず」と。主体性を自分のものとすれば、周りの環境にとらわれることはないというのです。

しかし、それは簡単なことではありません。今回のコロナ禍のように自分の力ではどうしようもない事態が起こったとき、私たちはどうしても境遇に主体性を奪われてしまうからです。客体の事象に心が奪われてしまうと、正しい判断力を持つことができなくなってしまうのです。環境に対して「主」となりきれない私たちが、主体性を持つにはどうすればいいか？ ある日の坐禅会で私は大切な言葉に出会ったのです。それは、数え切れないほどお唱えしたことのある「請《こ》う其《そ》の本《もと》を務《つと》めよ」という無相大師《むそうだいし》のお言葉でした。

「請う其の本を務めよ」

私たち臨済宗妙心寺派の大本山は、京都の妙心寺です。妙心寺を開かれた関山慧玄《かんざんえげん》禅師は無相大師と呼ばれております。ときの花園法皇は、この無相大師を招いて、一三三七年に妙心寺を建立されました。時代は鎌倉幕府から室町幕府へと移り変わる動乱期。度重なる戦や飢え、疫病で苦しむ一人でも多くの人々に、自分を救ってくれた「禅の教え」を届けたいという花園法皇の願心こそが、妙心寺建立の一番の理由であったのです。

一般的に高僧は自分の教えや信条を言葉として、「語録」や「漢詩」などに残されます。しかし、この無相大師は語録などを一切残されず、ご自分の教えは弟子に直接、口から口への口伝でお伝えになられました。その数えるほどしか残されていない言葉の一つが「請う其の本を務めよ」です。

私たちが務めなければならない「其の本」とはいったい何なのか？　これは私たち妙心寺派の禅僧にとって、生涯かけて取り組むべき禅問答であるのです。

「本」という言葉は辞典で調べてみると、「根本。草木の根。基本。他に祖先、父母」という意味です。ですから、「自分の本分を務めよ」「先祖、父母の恩に報いよ」となります。しかし、これは禅語であり、禅問答です。表面的な意味を拾い上げるだけではなく、言葉が指している本当の意味を理解しなければならないのです。私たちが務めるべき「本」とは、一体何のことでしょうか?

それまでの私の「本」は、もしかすると「坐禅」、もしくは「行事の継続」であったのかもしれません。私達禅僧にとって、坐禅やお寺の伝統を維持していくことこそ本分ではないかという思いが強すぎていたのです。無相大師の意図はもっと深く、もっと広いものでした。

その間違いを気づかせてくれたのは、百一歳で亡くなる直前まで講演や執筆に取り組んでいた臨済宗の禅僧であり布教師であった、私の祖父・松原泰道でした。

「生ききる」という生き方

祖父は晩年、「生ききる」という言葉を大切にしていました。「生きる」に「き」を一文字付け加えるだけで、一生懸命生きていることが表現される。例えば「走る」と「走りきる」では、その決意や意欲が異なります。また、走る区間と期間が決まっているようにも感じ取れます。自分の人生の区間を、精一杯走りきるのです。

私は、この「生ききる」こそが、私の「本」であることに気づかされました。私は「坐禅」という、木で言えば「枝葉」にとらわれていて、その「本」を見つめきれていなかったのです。

無相大師のお示しになられた「本」とは、坐禅でもそれぞれの仕事でもなく、「一生懸命に生ききること」であると思います。つまり寝ること、食べること、遊ぶこと、働くこと、何もかも全てが、私たちが務めなければならない大切なもの。そしてただ行うのではなく、一生懸命に大切に丁寧に行う。つまりは一日一日を、人生のかけがえのない時間として、愛おしく生きていくことこそ、「請う其の本を務めよ」の答えなのです。

今回のこのコロナ禍は、図らずも私たちに多くの「考える」時間をもたらしました。自分の人生とは何なのか？　何の為に生きているのか？　外に答えを求めることではなく、自分の心と向き合うことが大切であったのです。それこそが、環境から離脱することなく、自ら主となることに他ならないのです。

何が不要不急であるか、私は知らず知らずのうちに社会の概念に判断を仰いでしまっていました。するとどうしても主体性がなくなり、「やらされる自粛」になってしまいます。そうではなく自分が置かれた現状をしっかり受け止めて、自ら「主体性を持った自粛」にしていく。もちろん医療の現場のことを主体的に考えれば、自分がとるべき行動が決まってきます。日々の報道に一喜一憂することなく、その事象の「本」を直視していくこと。それには自分の「本」をしっかり見つめていくことが肝要なのです。

「葉を摘み、枝を尋ぬること莫くんばよし」

人間は「衣食住」があれば生きていくことができます。逆に「衣食住」がなければ生きていくことができません。そう考えてみると、自分たちの悩みが枝葉であったことに気づかされます。無相大師は「其の本を務めよ」に続いて「葉を摘み、枝を尋ぬること莫《な》くんばよし」と示されてお亡くなりになりました。「周りの移りゆくものに囚われることなく、しっかり足下をみて生ききれば良し！」と。

それでは枝葉と言われるものは、人生において取るに足らないものなのでしょうか？いや、私は全くそう思いません。山の林が幹や根だけでは貧相です。しっかりとした根本から伸びた枝葉は山を彩り、たくさんの生物を育んでいくのです。

夏になれば木陰をつくり私たちに涼風をもたらしてくれます。また、秋には美しく色づき、私たちの目を潤してくれます。紅くなった葉は、冬になると落ちて肥料になり来たるべき春に備えてくれているのです。

このように、私たちの身の回りにある「不要不急」と呼ばれるものは、私たちの人生に奥行きと彩りを与えてくれるものであったのです。このことは、今回のコロナ禍での自粛期間中に誰もが実感されたことだと思います。友人との食事や旅行、趣味や読書などなど、どれほど私たちの人生に味と深みを加えてくれていたことでしょう。「当たり前」だと思っていたことが、何より「有り難い」ことであったのです。

禅問答は相対的な概念に囚われてしまいがちな私たちの心に、自由を与えてくれるものです。今までの概念を離れたものの見方や考え方があることを、私たちに示してくれるのです。そのような視点で物事を観察することができれば、自分を取り巻くさまざまな問題に対しての解決の「きっかけ」になるでしょう。つまり、人生の「本」さえ見失わなければ、このコロナ禍を私たちは、もっと前向きに生きていけるはずなのです。

死という機会を利用する

新型コロナウイルスは、私たちから大切な人との永遠の別れをも奪い去ったのです。都内では葬儀や火葬場での参加人数の制限があり、儀式の時間短縮を求められたとも聞きました。遠方の方をお招きするのを自粛されたりと、今までと同じ別れはできなくなってしまいました。

お釈迦様は「自分自身の死を利用しなさい」と示されました。自分の死をきっかけとして、人生においての「気づきの機会」にしなさいというのです。

私は葬儀に立ち会うと、いつも「死」というものについて考えさせられます。いくら元気でも、いくら若くても、死というものは誰にも平等に、そして必ず訪れる。それもある日突然に。それが仏教でいうところの「諸行無常の理《ことわり》」なのです。

先般スタジオジブリ様とのご縁をいただき、新著を上梓する機会をいただきました。ジブリ作品と禅との共通点を繋げるキーワードとして「人生は生きるに値する」という言葉を掲げ、書籍の帯にも使うことにしました。

そんな中、出版後におそらく上座部仏教を信じる方から「本当に仏教や禅がわかっている者なら、『人生は生きるに値する』なんて言葉は使わないはずだ」という厳しい書評をいただきました。たしかに、悩みや苦しみに満ちた人生からの解脱《げだつ》を望むのが、本来の仏教であるのかもしれません。しかし、今となってはこの言葉を帯に選んで本当によかったと心から思っています。それはこんなご縁があったからです。

人生は生きるに値する

六年前と言葉にすれば簡単ですが、友人から法事を依頼された時のことです。幼いお子さんの四十九日忌。気丈に振る舞われながらも、深い悲しみの中にある同年代のご夫婦に、初めてお目にかかりました。ご遺族の心を安んじられる言葉を、一つも持ち合わせていない僧侶である自分に対して、無力さを痛感し失望さえしておりました。

やがて年月が経ち私も親となりました。すると今度は、ご夫妻の悲しみがいかなるものか、考えるだけで胸が張り裂ける思いがするのです。数年かけて自分が勉強した仏教の言葉を総動員しても、きっとご遺族の心には届かない。そして悩みに悩んだ七回忌の法事の日、ついには「一生懸命にお経をお唱えする」と心に決めることしか、私にできることはありませんでした。

法事が終わり、話の流れで私の本をお渡しした数日後、お父さまからメールをいただいたのです。

「息子を亡くしてから、人生は生きるに値しないものであればいいのに、と思っていました。生きるに値するなら、幼くして亡くなった子供が無念でしょうがないからです」

メールを開いた私は言葉を失いました。これほど真剣にメールを読んだことは、おそらく人生で数えるほどしかなかったでしょう。そして、次の文章に目を落とした瞬間、心の底から救われた、そんな気がしたのです。

「一方で、人生は生きるに値するものであってほしいとも思っていました。新しく生まれた娘がいるからです。この本は、帯にある通り、生きるに値すると教えてくれる本でした。僕は、ホッとしました。それが、感想です。

そして、僕も生きていていいんだなと思いました」

私は、葬儀の時にいつも心に強く思う言葉があります。それは、「死んだ人々は、還ってこない以上、生き残った人々は、何が判ればいい?」という『きけ　わだつみのこえ』の序文に添えられている詩です。フランスの現代詩人であるジャン・タルジューの詩を、渡辺一夫氏が訳されたものです。どれだけ悲しんでも、どれだけ涙を流しても、亡くなった方は戻ってはこない。では、残された者はその機会から、何を学び取らなくてはならないのでしょうか?

いただいたこのメールの言葉が、私にこの詩の先にあるものを、はっきりと示してくれたのです。大切なお子さんを亡くされた彼がこの言葉を発するまでに、どれだけの時間、自分自身と向き合ってこられたのでしょうか。想像できないほどの葛藤があったはずです。そんな中で自身の心の裡から導き出された答えであるからこそ、伝わるものがあるのです。彼は大切な人の死を受け止めて、亡くなった方を心の中で生かし続け、共にご自身の人生を歩んでおられるのです。

「人生は生きるに値する」——私のこの言葉は人生の苦しさを知らない甘い戯《ざ》れ言《ごと》に聞こえるかもしれません。しかし、私はこの言葉こそ、大乗仏教の要であると信じるのです。何より、そんな世界であって欲しいと心から願っています。そして、次世代の子どもたちの未来がそういう世界になるために、自分たちがやるべきことがあると信じるのです。

「今日一日生きるということは、間違いなく一日死に近づいている」

祖父がいつも言っていた言葉です。仏教は現在進行形であると。私たちはいつか死んでしまう。このことを悲観的に捉えてクヨクヨして生きるのではなく、いつか死ぬ命だからこそ今この時を精一杯生きよう。これが戦争や大病を経験し、「死」を身近に置いていた祖父の答えであったのです。そんな祖父だからこそ、「生ききる」という言葉を大切にしていたと思うのです。

「悪い縁を良い縁に」

大切な人の死に接することは、辛く悲しいことです。時に自分の人生の意味を失ってしまうほどに。それでも、生き残った者は自分の人生の区間を走りきらなくてはならないはずです。亡くなった人から教えてもらったこと、背中を見て学んだこと、かけてもらった言葉一つ一つを心の中に宿しながら。その辛く悲しい縁を、自分の人生の中で有意義な縁にしていかなくてはならないのです。もちろんそれは容易なことではありません。しかし、これこそがお釈迦様の言われた「自分自身の死を利用する」ということにも繋がっていると思うのです。

今まで当たり前のようにいた人が、突然いなくなってしまう。温かい体がだんだん冷たくなっていく。一昔前の日本ではそうした死別というものが、日常の中にあったと聞きます。コロナ禍はその貴重な機会をも、私たちからあっという間に奪っていったのです。大切な人の死に目に会えない。葬儀ができない。お別れができない。これもコロナの本当に恐ろしいところです。コロナ禍で浮き彫りとなったこの問題を、私たち自身決して忘れてはならないと思うのです。

「わからない」ものと向き合う

想定外のことが起きると、私たちはパニックになってしまいます。なぜなら私たちは、仕事や日常の生活において、想定通りに物事が運ぶことに、何よりの安心を得ているからです。しかし、私はふと思うのです。今回のコロナのことにしろ、今までの人生にあったことにしろ、想定通りに事が運んだことなど、これまでどれほどあったでしょうか？

未来はわかりません。なぜなら、明日の天気すら、明日の体調すら、私たちは自分の力ではわからないのですから。

夜食べたご飯が最後のご飯になるかもしれない。「おやすみ」の挨拶が最後の言葉になるかもしれない。お布団の中で目を閉じたら、次の日に目が覚める保証はどこにあるでしょうか。だからこそ禅では、その一瞬一瞬を丁寧に大切に生きることを説くのです。私たちの人生は「わからない」ことだらけなのですから。

そして「わからない」ことは、そんなに悪いことではないのです。「わからない」からこそ、この瞬間が愛おしいのです。だからこそ私は、宗教とは「わからない」ものと向き合い、祈り、願うことであると心から信じるのです。

令和という時代は、混沌と不安の中で幕を開けたと言えるかもしれません。外出時にマスクを家に取りに帰ることなど、数年前に誰が想像したでしょうか？　将来のことはわかりません。確かなことは今だけなのです。だからこそ、私たちは与えられた目の前の命を全うしていくしかないのです。

もしかすると今私たちが行っているものは、井戸を雪で埋めていくような、はかない行為なのかもしれません。しかし、いつか埋まると信じて、淡々とそして真剣に行っていく。この現在進行形の姿こそが大切なのです。人生の幸せは、きっと過去にも未来にもなく、幸せを目指す歩みの中にこそあるものなのですから。

だからこそ、自分の「本」を務めるべく「いま、ここ」に、「生ききる」の気概と熱意をもって臨んでいくことを禅では大切にするのです。

禅の教えは外にある太陽ではありません。自分の裡にある光なのです。だからこそ、真っ暗で何も見えない闇の中でも、自分の脚下をしっかり照らし見ることができるのです。

㊂ お前はお前の主人公か？

——藤田一照

藤田一照（ふじた・いっしょう）

禅僧。一九五四年愛媛県生まれ。東京大学大学院教育学研究科教育心理学専攻博士課程を中途退学し、一九八三年兵庫県安泰寺（曹洞宗）にて出家得度。一九八七年よりアメリカのマサチューセッツ州にあるパイオニア・ヴァレー禅堂の住持（住職）として渡米。二〇〇五年帰国。二〇一〇年〜一八年までサンフランシスコの曹洞宗国際センター所長をつとめる。著書に『現代「只管打坐」講義』（佼成出版社）、『アップデートする仏教』（山下良道との共著、幻冬舎新書）、『禅の教室』（伊藤比呂美との共著、中公新書）、『ブッダが教える愉快な生き方』（ＮＨＫ出版）などがある。

この一日をどう過ごすのか？

新型コロナウイルスによる感染症の拡大が「パンデミック（伝染病や感染症が世界中に流行すること）」と呼べるほどの規模になっているという見解を、WHO（世界保健機関）のテドロス事務局長が公式に表明したのは二〇二〇年三月十一日のことでした。私がこの原稿を書いているのは二〇二一年三月一日なのですが、それからもうすでに一年が過ぎようとしているという事実に驚きを禁じ得ません。ほとんど思い出らしい思い出が残らないまま、なんとも印象の薄い時間だけがあっという間に過ぎ去っていったような気がしているからです。「この一年、俺はいったい何をやってたんだろう……？」こういう感慨を持つのはどうも私一人だけではないらしく、このごろまわりの友人たちも同じような嘆息をもらしています。「え〜っ、もう一年経っちゃったの⁉　めちゃ速かったなあ〜」と。

一日は二十四時間、一年が三百六十五日であることは毎年変わりがない（二〇二〇年はうるう年だったのでそれよりさらに一日多かった！）のですから、昨年の一年間の過ぎ去り方の異常なまでの速さは、その時間をどう過ごしていたのかという自分の暮らし方のせいに違いありません。確かにこの一年、それまでとはまったく違う日常を送りました。私は禅宗の僧侶ですがお寺の住職ではなく、友人が所有する別荘の住み込みの管理人をしながら自分なりの修行を続けています。コロナ以前は、連れ合いが私を揶揄して言う表現を借りれば「頼まれたらなんでもホイホイ引き受ける」ので、しょっちゅう外へ出て、各地で坐禅の指導や講演、対談、ワークショップなどを行っていました。しかし、この一年はそういう仕事がすべてと言っていいくらいキャンセルされ（私のやってきたことはみんな「不要不急」だったことが証明されたような気がしました）、滅多に門から外には出ない「蟄居生活」のような暮らしぶりになりました。それまで忙しすぎだった私にとっては、いいリセットになったことは間違いありません。だいぶサボっていた管理人の仕事をしたり、畑を始めたり、パンを焼いたり、竹林の整理をしたり、溜まっていた原稿を書いたり、忙しくて読めなかった本を腰を据えて読んだりと、それなりに悠々自適な毎日を楽しんで来ました。

それなりに充実していると思っていた一年なのに、極めてあっさりと過ぎてしまったように感じるのはなぜなのでしょうか。「それは単に君の主観的な印象だよ。一年は一年じゃないか」という方がきっとおられるでしょう。もしかしたら、私とは逆に、「いや、僕にはこの一年は異常に長かった。ものすごくゆっくり過ぎた」という方もいるかもしれません。常識的には、客観的な時間が誰にとっても一様に、われわれの外側を流れているのですから、「飛ぶように過ぎた一年」は私が単にそう錯覚しているだけのことで、話はそれで終わります。しかし、時間と私は無関係どころではなく、私の生き方そのものの中から主体的な時間が生み出されているというのが仏教の時間論です。そうだとすれば、「飛ぶように過ぎ去った一年というのは、自分のどのような生き方が生み出したのだろうか？」と自問自答するべき宗教的な問題として立ち上がってきます。ここで「宗教的」というのは、「生き方の根幹に関わること」という意味で使っています。

話がちょっと横道に逸れますが、「宗教的」という言葉について、少し書いておきたいと思います。ＷＨＯ憲章の前文では「健康」について、「健康とは、病気でないとか、弱っていないということではなく、肉体的にも、精神的にも、そして社会的にも、すべてが満たされた状態にあることをいいます（日本ＷＨＯ協会訳）」と定義されています。しかし、これはまだ十分な定義とはいえず、これにさらに「スピリチュアルな良好状態」を加えようとする動きがあります。

私が今、「宗教的な問題」と言ったのは、ここで「スピリチュアル」と言われていることに近いのですが、WHOでもこの「スピリチュアル」に関していまだに意見の一致を見ていないように、それをどう定義するか、さらに日本語にどう翻訳するかということは一筋縄ではいかない困難な問題になっています。しかし、われわれが本当に幸せに生きていくためには、「肉体的、精神的、そして社会的」に満たされた状態であるだけでは決して十分ではありません。まさに「人はパンのみにて生くるにあらず、神の口より出づるすべてのことばによる」（聖書「マタイによる福音書」4：4）のです。

これは、荒野で断食をしていたイエスの前に悪魔が現れて「あなたが神の子なら、この石がパンになるように、命じなさい」と誘惑したのに対して、「もちろんパンも大切だけれど、パンを与えてくださる神を知り、神の言葉によって養われることのほうがもっと大切である」と、イエスが旧約聖書に書いてある言葉を引用して応じた有名な場面で言われていることです。今のコロナ状況はいろいろな意味でわれわれにとってはまさに「断食による空腹状態」のようなものではないでしょうか。もっとも、イエスの場合は「悪魔の試みを受けるため、御霊に導かれて荒野に上って行かれた」と書かれているように自発的な断食でしたが、われわれの場合は「コロナ禍」によって強制的にそういう状態に追い込まれたという大きな違いがあります。私が先ほど「宗教的」と言ったのは、ここで「パンのみではない、神の口より出づるすべてのことば」と表現されているものに当たります。それは「生かされて、生きているいのち」の問題です。われわれは今、悪魔の誘惑に対してこの時のイエスのように気魄に満ちた応答ができる宗教的なもの＝生きる拠り所を持っているでしょうか。

　この「宗教的なもの」はコロナ問題を直接的に解決することはできませんが、こういう困難な状況の中においてもしっかりと立って前向きに歩を進めていく「底力の源泉」になるはずのものです。代表的な大乗経典である『法華経《ほけきょう》』の「観世音菩薩普門品偈《かんぜおんぼさつふもんぼんげ》」には「仮使興害意《けしこうがいい》　推落大火坑《すいらくだいかきょう》（危害を加えんとする者に火の穴におし落とされる）」とか「或漂流巨海《わくひょうるこかい》　龍魚諸鬼難《りゅうぎょしょきなん》（大海原に漂い流され、龍や鬼神の難に会う）」という文言があります。これはまさに今のような生死に関わる危機的状況の表現です。そういう時でも「念彼観音力《ねんぴかんのんりき》（かの観音の力を念ずる）」すれば「火坑変成池《かきょうへんじょうち》（火の穴が池になる）」し、「波浪不能没《はろうふのうもつ》（浪に沈むことはない）」と、危機を乗り越えることができるとはっきり説かれています。観音力とは、どんな苦難に遭遇してもそれを乗り越えて生きていける生命力の源泉のことです。詩人の山尾三省さんは「様々な局面において、南無観世音菩薩と念ずる。それは私たち自身に内在する根源の生命力（慈悲力）および、私たちが置かれてある場（環境）の根源の慈悲力（生命力）を念ずるのであるから、おのずからそこに最善の対処、方法が現われてくるのは、奇跡でも神秘でもなく、理の当然の帰結である」（『観音経の森を歩く』野草社）と言います。私自身に引きつけて言えば、「念彼観音力」とは坐禅に他なりませんから、「普門品偈」に書かれていることを実修し実証するべく、有縁の方たちと一緒にコロナ禍でもできるやり方で坐禅会を続けています。

あっというまに過ぎ去ってしまった一年を振り返るとき、私は曹洞宗開祖道元《どうげん》禅師の書いた『正法眼蔵《しょうぼうげんぞう》　行持《ぎょうじ》　上』の中にある「光陰なにとしてかわが功夫をぬすむ。一日をぬすむのみにあらず、多劫《たごう》の功徳をぬすむ。光陰とわれと、なんの怨家ぞ。うらむべし、わが不修《ふしゅ》のしかあらしむるなるべし」という一節を思い出さずにはいられません。

「月日というものは、どうしてわれわれの修行工夫を盗むのであろうか。それも、一日を盗むばかりではない。多年のあいだ積んできた功徳をすら盗み去るのである。月日とわれわれとは、いったいなんの仇敵なのであろうか。だが、よくよく思ってみると、月日に咎があるわけではない。ただ、自分がよく修行しないからそうなるのである。なんと恨めしいことであろう」と言っているのです。外出自粛状態の一日一日を自分は等閑《なおざり》に過ごしていなかったか、「光陰に功夫を盗まれて」不修の暮らしをしていたのではなかったかという深い反省の思いが湧いてきます。

独創的な数学者の岡潔さんは「人は一日一日をどう暮らせばよいか。こんなことは普通、放っておいても自ずからよろしきにかなうことで、問うまでもないのですが、いまは普通の時代ではありません。（中略）みなさんにとって、一日一日をどう過ごせばよいかが、深刻な問題になってきている」（森田真生編『数学する人生』新潮社）と、五十年ほど前に大学生たちに向かって語っています。先行きの見えない今のような状況においてはなおさら、「この一日を私はどう過ごすか」ということがあらためて真剣に問われています。さもなければ、一日をいたずらに空費空転させ虚脱のうちに過ごすことになるか、手に負えない出来事の連続に圧倒されて日常をガタガタに乱されたままに何も手がつかず呆然として一日を終えることになりかねません。今日一日をどう生きていくかは、それがそのままわれわれの一生の生き方につながっていきます。一日一日のうちに一生がすでに生きられているからです。

世界各地でワクチンの接種が始まりましたが、新型コロナウイルスとのつきあいはまだ長期にわたって続くことになるでしょう。地に足のつかない状態で右往左往のまま一日を取り逃がしてしまうということは、一生を取り逃がしていることだと肝に銘じなければなりません。コロナ状況に翻弄されて「光陰に功夫を盗まれて」しまったようになっている「この今日一日」をどう自分の手にとりもどすかということが今われわれ一人一人に問われていると思います。

この自粛は主体的な自粛なのか?

「不要不急の外出自粛」「スローダウン」「ステイホーム」「三密の回避」……。この一年間、それ以前にはほとんど耳にすることのなかった、「コロナ・フレーズ」とでもいうべきこうした言葉が連日われわれの耳目に届いてきました。いずれも、新型コロナウイルス感染症を収束させるために、われわれがこれまで当たり前にとってきた日常的な外出行動を変容させようとして発信されたメッセージたちです。

日本の場合は、海外の主要都市で行われたような強制的なロックダウンにまでは至りませんでした。緊急事態宣言が発出された後も、「外出・移動」に関しては、「飲食による感染リスクが高い場面を回避する各種の対策を行います。これらの対策の実効性を高めるため、住民の皆様には、日中も含めた不要不急の外出や移動について、感染拡大予防のため、自粛を要請します。出勤や通院、散歩など、生活や健康の維持に必要な外出・移動は除かれます」（内閣官房　新型コロナウイルス感染症対策サイトより引用）とされ、われわれの「自主性」にまかせられる方策がとられました。

しかし、その「自主性」ということが問題です。いくら「出勤や通院、散歩など、生活や健康の維持に必要な外出・移動は除かれます」と言われても、同調圧力に弱いわれわれは、周りの人たちから文句を言われないようにとどんどん「自粛」の度合いをあげていきます。本来、外出や移動がその人の生活や健康の維持にどれほど必要かという判断の基準は一律ではあり得ず、個人個人で千差万別のはずです。しかし、どうしても人情として「自分がしたくもない自粛をこんなに頑張ってやっているんだから、みんなも当然そうすべきだ」という感情ロジックに陥りやすく、そうすると自粛していない人がどうにも許せなくなり、そういう人たちを槍玉に挙げて批判したり嫌がらせをしたりするようなことになります。いわゆる「自粛警察」まで現れる始末です。もし、そういうことを怖れて家を出ないようにしているのならそれは「自分から進んで、行いや態度を改めて、つつしむこと」という意味での「自粛」とは言えず、むしろ世間の外圧による「自宅軟禁」に近いのではないでしょうか。

感染対策としては、とにかく家から出さえしなければそれでいいのですから、自粛か自宅軟禁かなどということはどうでもいい問題です。しかし、宗教的な、つまり生き方の根幹に関わる問題としては重要なことになります。その外出や移動が果たして不要不急かどうかを自分自身に向かって問い、自分の判断で決めるのではなく、そういうことを一切せずに周りの〝空気〟を読んでそれにただ従っているのだとすれば、チコちゃんならぬ瑞巌《ずいがん》和尚に「ボーッと生きてんじゃねえよ！」と叱られることになります。この瑞巌和尚という方は、毎日自分自身に向かって「主人公」と呼びかけ、また自分で「ハイ」と返事をしていたという中国の禅僧です。「はっきりと目を醒ましているか！」「ハイ」「これから先も人に騙されるんじゃないぞ！」「ハイ、ハイ」と毎日ひとり言をいっておられたそうです。

主体的な自己の自覚をそれくらい大切にしていた瑞巌和尚からすれば、不要不急の判断を他人任せにしているような主体性の忘却者は、当然ながらボーッと眠りこけ、やすやすと人に騙されて生きているわけですから、「お前にとっての不要不急とはいったい何なのかを、他人や世間の思惑にではなく、自己自身に問え！　喝！」と大目玉を食らうのは当たり前です。自分にとっての不要不急を問うというのは言い換えれば、自分の本当の要求とは何かを再確認することです。それが見つからなければ、他人や世間に下駄をあずけるしかありません。

われわれが暮らしている資本主義的な社会は、人間の本当の要求というものが気づかぬうちに忘れ去られるような仕組みになっているようです。本当の要求の代わりに、生活の豊かさや生活水準の進歩といった、要求は要求でも表層的な要求が自分の要求のすべてであるかのように思い込まされています。そして、世を挙げて誰も彼もがそういう要求の充足競争に明け暮れしているわけですが、その競争の中では、いろいろな事情でそれに乗り遅れたり、挫折したりする人たちが、当然ですが、出てきます。そういう人たちは弱者であり愚者であるとされます。いわゆる「負け組」です。しかし、実は、そういう人たちの方が本当の要求を持っている可能性があります。豊かになったとか進歩したと言っても、自分というものがわからなければ、魂がはっきりしていなければ、進歩した愚者、賢い凡夫にすぎません。勝つとか負けるとか、強いとか弱いとか、賢いとか愚かとかいったことよりももっと深い要求が人間にはあるのです。それが「宗教的要求」「宗教心」というものですが、それが眠らされたままになっているのです。

どこかへ向かって一生懸命に進んでいるようでも、果たしてその進む目的がわかっているのかどうか。ただ社会という大きな機械のなかの歯車の一つとして忙しく生きているだけではないのか。何の為に忙しいのかと聞かれても、確固とした答えが出てこない。宗教というのはそういう深い要求を明らかにする営みのはずです。しかし、世間で盛んに呼びかわされる「不要不急の自粛を！」という掛け声の中には、そのような観点が含まれている気配は残念ながらありません。われわれは「不要不急」という言葉によって実は、どんなに愚かでも満足して、どんな不幸や苦難でも喜んで堪《こら》えていけるような、そういう深い要求があなたには果たしてあるのかと、一人一人が問われているのです。そういった最も大事な魂の問題を禅では「生死《しょうじ》の一大事」と呼んでいます。

先日、かつてヨーガを個人的に習っていた先生とひさしぶりに電話でお話しする機会がありました。近況をお尋ねしたら、「必死の思いでヨーガのレッスンを受けに来る人たちがいるので、感染対策をしながらヨーガ教室はずっと休まずに続けています」とおっしゃっていました。「必死の思いで」という表現にハッとしました。私の坐禅会にやって来る人たちのなかにもそういう必死の思いで来ている人たちがいるに違いないと思ったからです。自分はその思いをきちんと受けとめられているだろうかと反省させられました。ヨーガや坐禅はその人たちにとっては趣味とかレジャーといった不要不急の贅沢品などではなく、生き生きと自分らしく生きていくためのまさに必需品であり、必要にして至急、今どうしてもしなければならないことだと感じられているのでしょう。イエスの言った「神の口より出づるすべてのことば」に当たる「いのちの深い要求」のことです。そのような宗教的というしかない魂の次元での必要至急なものが人の奥底に確かにあるのだということが理解できる、あるいは少なくともそのことを認めることができるセンスと寛容さが今の社会にあるのかどうかということが問題です。

そして、宗教というのは人の主体性（瑞巌和尚の言う「主人公」）が問われる世界です。今回の「不要不急の外出自粛」の要請は、その言葉を考え出したり使ったりしている人たちの思惑をはるかに超えて、「あなたにとって必要至急である本当の要求とはそもそも何なのか？　いのちの奥底から湧いてくる切なる願い、あなたにはそれが見つかっているのか？」と、極めて宗教的な問いをわれわれに突きつけているのです。この自粛要請を宗教的な問いかけ、つまり生きる態度の問題として深い意味で主体的に受けとめることができれば、外出自粛の生活は、仏教の伝統が大切に伝えてきた「禁足安居《きんそくあんご》（一定の期間、道場から外出しないで修行に専心すること）」の修行のように、大いに意味のある修行になり得るでしょう。それを糧として活かし人間として成長することもできるでしょう。

しかし、本当は外に出たいのに、世間的な体裁のような外圧を感じて、それを慮《おもんぱか》って我慢して出ないようにして「自宅軟禁」に甘んじているのであれば、それは無意味な苦行にしかなりません。そういう無理なことを長期に続けると人間性が歪んでくるかもしれません。同じように家の中にとどまっていても、「(自分の意思で)家から出ない」と「(自分の意思に反して)家から出られない」とでは当人の生活風景は、一方は愉快、他方は不愉快というように、大違いです。野口整体創始者の野口晴哉《はるちか》さんは「人は食べられないと餓死するが、食べないと断食となって元気になる。『自らの意思』で、食べないことを選び取れば不養生は養生に変えられる」と言っています。この言葉の通りなら、自らの意思で自粛することを選び取れば、自粛生活によって健康で幸せになるはずです。実際にそのような人たちがきっといるはずです。ですから、この未曾有のコロナ状況というのは「お前はお前の主人公か?」とわれわれに主体性の有無を問いかけているのです。

自分自身や他人に騙されてはいないか?

問題は、それに対して瑞巌和尚のように「ハイ。私は私の主人公です」と答えることができるかどうか、です。そのためには、はっきりと目を覚まして、内外で起きていることを曇りなき眼で如実に観察し、人（自分自身も含めて）に騙されないようにする努力が必要です。道元禅師が中国での学びから帰ってきたときに「眼は横に、鼻は縦についている。」このように、当たり前のことをありのままに見つめ、あるがままに認めることができるようになったので、私はもはや自他に騙されることはない」と語っています。「人の瞞《まん》を受くること莫れ」という瑞巌和尚の言葉と呼応するようにここにも「人に瞞ぜられず（人に騙されない）」という表現が使われています。禅の伝統においてそのことが重要なポイントとして強調されていることがわかります。

今のように誰も正解を知らない世界（実のところは、コロナ以前から世界はずっとそうだったのですが、今回のことでそれが誰の目にもはっきりと露呈しただけなのです）においては、ともするとシンプルでわかりやすい答えに飛びつきがちです。自分を安心させてくれる早急な答えが喉から手が出るほど欲しいからです。困難な状況になればなるほど、正解を持っているように見える人や権威筋にすがりたくなるのが人情というもので、ひたすらそういうところからの指示を待望している「指示待ち症候群」的メンタリティが醸成されていきます。そうなるといともたやすく「人に瞞ぜられ」てしまいます。流言飛語やデマに振り回されてしまうのです。これでは本当の解決からますます遠ざかってしまいます。一人一人が自分の眼で観て、自分はどうするのかということを徹底して考え抜く本当の意味での知性が今、問われているのです。

ステイできる自分の「ホーム」はあるのか？

初めて「不要不急の外出自粛」という言葉を聞いた時、私はパスカルの「人間の不幸というものは、みなただ一つのこと、すなわち、部屋の中で静かに休んでいられないことから起こるのだ」（『パンセ』）という言葉を思い浮かべました。トルストイの『アンナ・カレーニナ』という小説の書き出しには「幸せな家族はどれもみな同じようにみえるが、不幸な家族にはそれぞれの不幸の形がある」と書いてあります。これはこれでとても鋭い観察だと思いますが、パスカルはそういうさまざまな形をとる人間の不幸の根っこにはただ一つの原因があることを見破ったのでした。その原因はなんと、われわれが「部屋の中で静かに休んでいられないこと」だと言うのです。そんなことがすべての不幸の原因だとは驚きですが、今その洞察の正しさが証明されているように思うのです。

今流行りのコロナ・フレーズを使って表現するなら、人間の不幸の原因は、外での活動を「スローダウン」して、家にもどり、そこで「ステイホーム」することができず、「不要不急の外出」をしないではいられないわれわれの人間性にあるということになります。外出自粛と言われても、実際にはなかなかステイホームするのが難しいということの実例は、枚挙にいとまがないほどわれわれが日々目撃しています。実際に外出しないまでも、心の中で外出している、つまり身体は家にあっても心はどこかよそに行きたがっていたり、あるいはファンタジーの世界で、はたまたインターネットを介して、家とは別のところにすでに行ったりしている人もいるかもしれません。それは、部屋の中で静かに休んで充実した時間を愉しむのとは程遠い、心ここにあらずのアウト・オブ・ボディ状態です。われわれは自分の身体の中にすら安住できないのです。

感染対策の一環として「ステイホーム」を推奨している人たちの本音は、「ステイ・ホーム」というよりは「ステイ・イン・ザ・ハウス」、つまり「(建物としての)家屋のなかに(物理的に)こもっていてください」ということでしょう。それなら、身体さえ家にいればいいわけですから、その人がどういう心持ちで家にいるのかということなど問題にはなりません。しかし、当事者の側からすれば、先ほどから「出ない」と「出られない」の違いとして言ってきたように、生きる態度としては大きな問題です。英語に“Please make yourself feel at home.”という表現があります。「どうぞ、自分の家にいるようにくつろいでください」「どうぞごゆっくりなさってください」という意味です。また、at homeは「気楽に、くつろいで、落ち着いて」という意味があります。ですから、「ホーム」「家」という言葉は単に建物としての家屋を指しているのではなく、「魂の故郷」「存在の故郷」「真の拠り所」「帰依処《きえしょ》」「畢竟《ひっきょう》帰処（最終的に帰ってくるところ）」「安息の場」というような精神的な、さらにこう言って良ければ宗教的な、意味合いやニュアンスを暗に持っているのです。

聖書の「マタイによる福音書」には「疲れた者、重荷を負う者は、だれでもわたしのもとに来なさい。休ませてあげよう」（11：28）という一節がありますが、そのような身も心も、そして魂も憩い休める場所が「本当のホーム」です。『法華経』には「長者《ちょうじゃ》窮子《ぐうじ》の喩え」があり、聖書には「放蕩《ほうとう》息子の帰還」という喩えがあるように、我が家を見失った者が長年彷徨《さまよ》った挙句に「本当の家、ホーム」を再び見つけ、そこへ帰り着き、安心し休息することは宗教的に重要な課題なのです。そういう意味でのホーム、家があってこそ、われわれは安心して家から外に出かけて仕事に励み、それが終わるとまた家に帰ってきて一日の疲れを癒すことができます。しかし、本宅を見失い、仮宅でしかないものを本宅だと見誤って執着し、仮宅から仮宅へと彷徨い歩いているのがわれわれの実態なのです。

パスカルがいみじくも指摘したように、スローダウンし、ステイホームして、家で自粛の時間を愉しむことはわれわれにはかなり難しいことなのです。そういうわれわれの実態が今回のコロナ状況ではっきりしたのではないでしょうか。坐禅が「帰家穏坐《きかおんざ》」とも呼ばれることの意味をあらためて考えるべき時だと思います。私はコロナ以前から、今の日本人の生活のペースは人間が快適に暮らすための限界を超えているから、もっとスローダウンすべきだと思っていました。東日本大震災を機にそういう方向に変わっていくかと期待していましたが、実際は「復興」の名の下にますますスピードアップしていくような方向に動きました。ところが今回、新型コロナウイルスという目に見えないものによって、社会全体が強制的にスローダウンせざるを得ない状況が生まれたのです。あれほどスロー・ライフだの働き方改革だのと声高に叫ばれても一向に実現しなかったことが、ウイルスによってたちまちに実現してしまったことに私は正直、大きなアイロニーを感じました。しかし、多くの人々は、このスローダウンをポジティブには受け入れることができず、恐れと不安を掻き立てる脅威として否定的にのみ見ているのが現状です。誰も「スロー・ライフ」などほんとうは求めてはおらず、スローダウンすることなどあってはならないことだったのです。

そして、「ステイホーム」のスローガンで外出自粛が要請され、多くの人が学校や職場に行かず、家にこもるようになりました。それまで学校や職場に過剰に奪われていた我が家での時間をやっと取り戻せることになったはずでしたが、それで幸せな家での暮らしが到来したかといえば、逆に家庭がますますギクシャクしたり、離婚やＤＶ、自死者のケースが増えたり、という事例が多数報告されています。物理的な住み家としてのハウスはあっても、それは必ずしも心が休まりくつろげるような安息の場としての「ホーム」ではなかったということが、コロナ状況によって明らかになったと言えるのではないでしょうか。「外」での勉強や仕事にかまけて、肝心の「ホーム」を育てることがこれまであまりにもおろそかだったのです。コロナ状況によって、自分には心安らかにステイできる本当の意味でのマイホームがあるのかと問われている人が多いのではないでしょうか。

不要不急の名のもとにこれまで当たり前だった季節ごとのお祭りや大会、行事が軒並み中止になってしまいました。これは、国民的なレベルでの一種の喪失体験だと言えます。これもまた、深いところでの魂の傷つきとして宗教的な問題だと思います。宗教に関わる者として、このコロナ状況に対して、医療や経済の問題としてだけではなく、宗教的な問題としても取り組んでいく視点を持つ必要があるということを痛感しています。

㊃

要に急がず、不要に立ち止まる

――阿 純章

阿純章（おか・じゅんしょう）
東京都圓融寺（天台宗）住職。圓融寺幼稚園園長。一九六九年東京都生まれ。早稲田大学文学部東洋哲学専修卒業、同大学大学院文学研究科東洋哲学専攻博士課程退学。大学院在学中、北京大学に中国政府奨学金留学生として留学。その後、中国仏教思想史の研究に従事し、早稲田大学、専修大学等で非常勤講師をつとめる。著書に『「迷子」のすすめ』（春秋社）、『生きる力になる禅語』（臨済宗円覚寺派横田南嶺管長との共著、致知出版社）などがある。

〝要〟と〝急〟からの解放

「すみません！　お客様の中にお医者様はいらっしゃいませんか？」

旅客機内に緊迫した声で客室乗務員のアナウンスが響き渡る。すると一人の男が手を挙げて「はい、何か緊急ですか？」と尋ねる。

「そうです。あなたが必要です。今すぐ来てください！」

そう言われるがまま男はさっと立ち上がり、客室乗務員の後について乗客の視線を浴びながら通路の先へと足早に急ぐ……。

そんなワンシーンが映画の中にありそうだ。しかし、もしこれが「お客様の中に僧侶はいませんか？」ではドラマにならないだろう。

「私にはお坊さんが必要です。すぐに仏の教えを説いて導いてください！」なんて言われたことは、少なくとも私の人生の中では経験がない。

果たして僧侶はこの社会で必要急務の存在なのだろうか。お寺は今の時代に求められているのだろうか。それは現代仏教の大きな課題である。ひょっとするとお寺や僧侶は私たちの生活にあってもなくても何ら影響がない存在なんじゃないか……。そんなことが問われればじめているところにコロナが到来した。

コロナは無情にも私たちが疑問も抱かず営んできた日常生活を「不要不急」という一言で選別した。それは仏教だけの問題ではない。コロナ禍の自粛生活の中で、これまで家族のため会社のために懸命に働き、無くてはならない存在と自負していたのに、もしかしたら自分は不要不急の存在なのかもしれないと不安を抱いている人も多いという。

こういう緊急時においてはどうしたって不要不急のことは控えねばならない。それは誰だって分かってはいる。でも、「あなたのやっていることは不要です」「とりあえず今はいなくていいです」などと言われれば、なんだか社会の役立たずのレッテルを貼られたようでミジメな気持ちになるのも当然だ。

とにかく、突然の不要不急の選別は私たちの生活に大きな波紋を投げかけた。この社会において、また自分の人生において、何が必要で何が不要か、何が急で何が不急なのか。これまで急いでやらなければならなかったことが不要不急になったり、不要不急だったことが急いでやらなければならなくなったり、これまで気づかなかったけれども実は必要急務だったとか不要不急だったということもあるだろう。まさに要と不要、急と不急の間で私たちの頭はぐるぐると振り回され、いずれにしても私たち一人ひとりがこの社会の在り方や自分の人生を見つめなおすきっかけになったわけだ。

そこで改めて私たちにとって本当に必要なものは何か、本当に急務なことは何かと己に問うてみよ、と話をもっていくのがいかにもお坊さんらしい筋道だ。仏教でもよく「生死の一大事とは何か?」「頭燃を救《はら》うがごとく道を求めよ」という。人生で最も大事なものを見極め、頭の毛についた火を払うような緊急事態だと思って一心に求めよということだ。なぜ毛髪のない僧侶にその譬えを使うのかという屁理屈はさて置いて、世間の様々な不要不急の雑事雑念を取り払い、人生において最も要であり急なるものを脇目も振らずにただひたすらに追究するのが仏道だということだ。

確かにそうでなければならないと思う。しかしちょっと待ってもらいたい。頭に燃やす毛がないひがみではないが、そうまるで追い立てるように言われると、私のようなノンビリ屋の坊主は焦ってしまい、かえってあさってのほうに走ってしまいそうである。いや、本当は私のような坊主を叱咤するための言葉なのだけれど……。

それはともかく、とかく世間はあれが必要だ、これを急げとあおりたがるものである。

テレビの通販番組みたいに「今すぐお買い求めくださいⅠ」「本日限り、先着百名まで！」みたいに急かされ、自分にとって本当に大切なことかどうか考える暇もなくお仕着せの必要をあてがわれ、次々と必要を漁っては、自らも周囲から必要とされる存在でありたいと願い、またいつか必要とされなくなるのを恐れながら生きている。でも、そんな生き方を続けていたら息苦しくなるのではないか。世の中、必要急務なことばかりがいいわけではないだろう。

そこで、何が本当の要で何が急かと問う前に、いっそのこと要からも急からも一旦解放されてみてはどうだろうかと思うのである。そもそも人間の営みなんてつまるところ不要不急のことばかりで、本当は必要のないことを必要だと思い込んでせかせかと生きているだけなのかもしれない。この世の一切合切が不要不急の存在だ、くらいに思っていたほうが気楽ではないか。

不要不急も決して悪いことではない。案外、自分のやっていること（あるいは自分自身の存在すら）が不要不急であると気づいてホッとすることだってあるかもしれない。不要不急という言葉も使い方次第では「そんなことしなくても大丈夫、焦らずのんびりいこうよ」と人を安心させる優しい言葉がけにもなるだろう。

要に急ぐばかりでなく、むしろ不要に立ち止まってみるというのはいかがだろうか。様々な考えもあるだろうが、少なくとも私は自分という存在を含めて何事も不要不急だと思って生きるほうが何とも居心地がいいし、敢えて言わせてもらうと、それこそが仏教っぽい生き方なんじゃないだろうか。

ということで、言い訳がましいかもしれないが、仏教やお寺やお坊さんという存在が今の時代において不要不急であったとしても、それはそれで、まあいいかな……と思うのである。

ポケットの中の不要不急

私には五歳ともうすぐ二歳になる二人の息子がいる。この原稿の執筆中に女の子が一人増える予定である。妻は一人だ（余計な一言）。また私はお寺に併設する幼稚園の園長も務めているので、自分の子どもを含め毎日多くの子どもたちに囲まれて生活している。

もし機会があれば、どこかで遊んでいる子どものポケットの中を見せてもらうといい。葉っぱ、枝の切れ端、どんぐり、松ぼっくり、そして時として大量のダンゴムシ……。

毎日洗濯するお母さん（お父さんかもしれないが）の肝を冷やす。

子どものポケットの中は目的も意味もない、大人には理解できない不要不急なものでいっぱいだ。ちなみにうちの長男はポケットの中にいつも小石をしのばせて、いつどこでも落書きができるよう備えている。いや、これに関しては彼にとっての要と急なのかもしれない。

昨年三月、コロナウイルスの感染状況が深刻になりはじめてから、政府の一斉休校・休園の要請を受けて、我が園も休園にしなければならなくなった。その間、外出自粛が呼びかけられていたとはいえ、子どもには外で元気に遊ぶ場所が必要だ。しかし東京は遊び場が少なく公園はいつも「密」状態。行き場のない子どもにとってお寺の境内が楽園となった。まるで私の幼少期（昭和どっぷり世代）の長閑《のどか》な風景を見るようだ。非常時にかつての日常が戻るとは皮肉である。

私も自粛状態でいろいろな予定がなくなり、ぽかんとあいた時間で子どもと遊ぶ機会が増えた。境内に出ると私も近所の子どもたち限定の有名人なので、「園長先生、遊ぼうよ！」と誘ってくれる。かくれんぼをしたり、かけっこをしたり、夕方まで子どもたちと遊んでいた。いや、遊んでもらっていたのかもしれない。公園ではないので遊具があるわけでもないが、子どもたちは実によく工夫して遊ぶ。

うちの子は毎日なぜかひたすら穴を掘るのに専念し、その後も半年以上も掘り続けて危険なほど巨大な穴となったため、再三にわたる説得の末、先日ようやく埋めることになった。また桜が満開の時のことであるが、何を思ったのか自転車を引っ張り出してきて、そのカゴに桜の花びらをかき集めて入れはじめたのだ。勿論、カゴは編み目が粗いので花びらは下からどんどん散っていく。そのうち周りで遊んでいた子どもたちも仲間に加わり、こぼれ落ちた花びらが時おり風で飛ばされて舞い上がると、キャッと笑って楽しんでいるのだ。

大人からすれば「何のために……」と思うだろう。遊びは子どもにとっての仕事という言い方もあるが、その行為はほとんどが不要不急だといってもいい。しかしそんな子どもたちの姿を眺めていると、「雪を担《にの》うて井を塡《うず》む」という禅語が脳裏に浮かぶ。雪を担いで井戸に投げ入れ埋めようとすることだが、雪は当然溶けてしまう。それでもひたすら繰り返す中に禅の境地があるという。

大人は何をするにも目的や意味を必要とし、何のために穴を掘るのか、花びらを集めて何をしようかと考える。今やっていることは何かの手段にすぎず、目的に早く到達するためにはどうしたら効率よくできるか、どんな方法がいいかと策を講じる。もちろん遊びやゲームの中にも一定の目的や方法はあるけれども、子どもは何事にもただ今しているることに夢中になっている。その姿は真剣そのものだ。真剣だから精一杯の力を込められるし、何よりも楽しいのだ。

大人はどうかというと、仕事にも遊びにもなかなか真剣になれないものである。必要に迫られ、周囲の評価を気にして、今やっていることにあれこれと問題点や欠点を見つけ出して心配事を溜め込んでしまう。真剣というより深刻だ。だから心底楽しめないのだ。

必要のない宝物を集め、今ここにある充実した日々をたっぷりと過ごしていた子どもも、やがて大人になると必要を求めて先へ先へと急ぎ足で、あれこれ体裁をととのえ建前ばかりの空虚な生き方になってしまうのはなぜだろう。青空の下に咲く満開の桜、子どもの笑い声、素敵な妻（これは絶対に外してはならない）、今目の前には素晴らしいものがいっぱいあるのにもったいない話である。不要不急は人生を楽しむための秘訣でもあるのだ。

「途中にありて家舎を離れず。家舎を離れて途中にあらず」

「はじめ塾」の創設者である和田重正氏が学生たちによくこんなクイズを出していたと本の中で言っている（『生きることを考える本』地湧社）。「東京から大阪まで歩いたら百万円もらえるという懸賞があるとします。仮にそれが十万歩かかるとしたら、一歩の値段はいくらでしょう?」という問題だ。

読者の皆さんも一緒に考えてみてほしい。おそらく、ほとんどの人が十円と答えるだろう。つまり、百万÷十万＝十という割り算をするわけだ。確かに計算すればそれが正解だ。しかし、それは本当に事実と合うだろうか、というのだ。例えば三歩で三十円、百歩で千円払えといわれたら、その価値はないと答えるだろう。だとすると一歩の価値はゼロである。しかしまた、最後の十万歩から考えてみたらどうだろう。ゴールから一歩前の九万九千九百九十九歩から十万歩への一歩は百万円の価値がある。そうすると、その前の一歩も百万円の価値がある。そしてその前も……。そうやって最初まで考えると、すべての一歩に百万円の価値があることになる。つまり、一歩の価値はゼロでありながら同時に百万円でもあるのだ。

人生も同じで、長い生涯の中のたった一歩はとるに足らない不要不急の無価値に思えても、同時にその一歩には人生すべての価値があるといえるのだ。理屈で考えれば矛盾するように思う。しかし、実際私たちが生きているこの事実の世界というのは、頭の計算では成り立たない不思議なものなのだと和田氏は言う。

禅語でこれを言うならまさに「途中にありて家舎《かしゃ》を離れず。家舎を離れて途中にあらず」という一句がピッタリだ。家舎とは到達すべき修行のゴールだ。人生も一つの修行とするならば、それは永遠に途中であって完成することはない。でもそうでありながらゴールと決して離れてはいないのだ。また見方によっては、確かにゴールからかけ離れている。けれどもそれは決して途中ではないのだ。

頭の中が「?」マークだらけかもしれない。私たちは人生をよく道に譬えるが、その道のりを漠然と矢印のような直線軸でとらえてしまうからだ。そうすると途中にある線と、矢印の先にあるゴール地点とは明らかに違う。でもどうだろう。私たちの人生のどこかに線が引いてあるのを見たことがあるだろうか? マラソンみたいにいつかこの先に「ゴール」と記された垂れ幕が掛かっているのだろうか?

たまに、ふとこんなふうに思うことがある。例えば朝起きて窓の外の景色を眺めたとき、「ああ、この景色を眺めるために生まれてきたんだな」とか、道すがらすれ違う人とあいさつを交わしたとき、「ああ、この人とここで出会うために生まれてきたんだ」とか、人生で訪れる出来事の一つ一つが自分の生まれてきた理由ではないかと。人生、何のために生きるのかとよく言うけれども、本質的なことを突き詰めてみると、果たして人生に目的ってあるのだろうか。もし目的があるとすれば、それは生きることそのものが目的なんじゃないだろうか。そう考えると、一見奇妙に思えるのだけれども、人生の一歩一歩がつねにゴールだということが納得できるのだ。だとしたら、これ以上何を必要とし、何を急いで生きるのだろう。一休禅師もこんな歌を残している。

行く末に　宿をそこ《*》とも定めねば　踏み迷うべき　道もなきかな

「我（エゴ）」ベースの現代社会

振り返れば、二十世紀は今日よりは明日、明日よりは十年後、この先の未来には必ずキラキラと輝く理想の世界がある、そう信じて前のめりに突っ走る時代だった。目指すのは物質的にさらに豊かになること、そして誰よりも優位に立つこと。それが私たちにとって何よりも必要なことで、今すぐしなければならない急務であった。「自分が、自分が」と力を競い合い、どちらが上か下か、勝ちか負けか、損か得か、そうやって未来に向かって引いた矢印の先には理想の社会がある、幸せな人生があると思っていた。

こんなふうにまさに要と急にがんじがらめに縛られているかのように物質的な充足を求め、個人個人が競うように幸福を追求する社会というのは「我」（エゴ）がベースになっている。「我」は絶えず何かと比較して自分だけが特別でありたいと思うのが性分だ。だからいつも「このままではいられない」と欠乏感を抱いて走り続けるが、まるで頭の前にニンジンをぶらさげて走る馬のようにゴールには一向にたどり着けない。最近流行りの劇場版『鬼滅の刃』を子どもと観に行ったが、無限列車の中で夢を見させられて虚ろな状態になっている乗客は、まさに現代人の姿を風刺しているように見えた。いくら矢印の指すほうに走り続けて幸福になる夢を見ても、結局は誰も幸せになれない。そこにあるのは孤独と不安だ。そういう社会を私たちはつくってしまった。

輝ける希望あふれるはずの二十一世紀がやってきたが、むしろ社会のあちこちで行き詰まりが見られるようになり、「あれ、何かおかしいぞ」と違和感を抱いている人のほうが多くなってきているのではないだろうか。「我」をベースにした二十世紀の神話はもう崩壊寸前なのかもしれない。

「自分」という幻想

良寛さんの詩にこんなのがある。

花無心招蝶　　花、無心にして蝶を招き
蝶無心尋花　　蝶、無心にして花を尋ぬ
花開時蝶来　　花、開く時、蝶来り
蝶来時花開　　蝶、来る時、花開く
吾亦不知人　　吾れも亦人を知らず
人亦不知吾　　人も亦吾れを知らず
不知従帝則　　知らずして帝《てい》の則《のり》に従う

花は咲くときに咲く、蝶は舞うときに舞う、人は人でただ生きる、そこに何が美しいとか誰が凄いということはなく、それぞれがそれぞれにただ生きて、知らぬままに自然の法則にしたがって調和している、という意味だ。

「我」をベースにした社会は、ただ生きるというだけでは許されない。自分という存在に何か特別な意味を求め、目の前の人に対しても、その存在をそのまま認めることができず、この人は自分にとってどういう意味があるか、損か得かなんて勘定する。

それだから自分のスキルやら資格やらと、いわばスペックが重要視され、それが人間の存在価値を表している。一言でいえば能力主義社会だ。そういう社会では自分の仕事や自分という存在が不要不急であることに耐えられないだろう。自分の能力を発揮できない人間は役立たずというレッテルを貼られ、生きる資格がないような社会的空気がつくられてしまう。社会における一方的な価値観で能力のある人とない人に選別して、不適合者は社会から抹殺される。一時期盛んに言われた「一億総活躍社会」というのもひとたび間違えるとそういう社会を形成することになる。

私たちの社会では自分の力で生きることが美徳であり、人間として最も肝要なことだと信じて疑わない。学校教育でも家庭でも若い時からそう教え込まれている。でも、ちょっと極端に聞こえるかもしれないが、私はこの世界はすべて他の力のはたらきしかなくて、自分の力なんていうのは幻想じゃないかなと思っている。親鸞《しんらん》の絶対他力もそういう思想だと思う。

どんな人だって自分一人の力で生きているわけではない。社会的地位の高い人も、成功して名声を得た人も、身体能力に長けた人も、その能力はその人だけで培ったものではない。それこそ赤ちゃんだったときは養ってくれる親がいなければ何もできなかったはずだ。

よく考えれば、能力は個に還元できるものではない。突き詰めていくと、今こうして自分の力で生きていると思っているのだけれども、実はそれはすべて他の力で生かされているわけで、そこに自分の力なんてものは無いと思うのだ。

若い頃は自分の力を誇示して生きるのはいいとしても、その先歳を取れば、今ある能力はどんどん衰えていく。もしその能力がなくなったら社会のゴミみたいにお払い箱。それでいいのだろうか。

農学者の横山和成氏の研究によると、ほんの一握りの土の中には一兆個以上もの微生物が生きているが、そのほとんどが未知なる存在で、どういう働きをしているのか解明されていないという。でもその多様な微生物がいないと土はやせてしまい作物が育たなくなってしまうのだそうだ（『〝土の中の「銀河」〟微生物多様性が支える地球生命圏』《YouTube による配信》）。人間社会も同じように無価値のようなレッテルを貼られている存在も実はどこかで社会の不可欠な要素として存在しているかもしれないし、実際そうだと私は思っている。

他力社会へのパラダイムシフト

佐伯胖《さえきゆたか》という認知心理学者であり教育者の方が「マリさんのハンバーグづくり」というお話を本の中で紹介している（『マルチメディアと教育』太郎次郎社、一九九九、子どもと保育総合研究所編『子どもを「人間としてみる」ということ』ミネルヴァ書房、二〇一三）。佐伯氏のもとに送られてきたある特別支援学校の記録ビデオのお話だが、その学校にはマリさんという重複障がいのお子さんがいて、ほとんど身体を動かすことができないし、言葉も話すことができず、普通ではなかなかコミュニケーションがとれない。でも、その学校の先生がいつも一緒にいると、どうもマリさんはお料理本が好きだと分かって、じゃあ実際に料理を作ろうということになったそうだ。料理を作るには材料を買わなければいけない。それで車椅子に乗って近所のスーパーに買い物に行くことになった。先生が察するにはマリさんはハンバーグが作りたいようで、マリさんが見る視線をもとに材料をカゴに入れていくと、ニンジンをじっと見つめているように見えたそうだ。でも普通ニンジンはハンバーグには使わないなと思いながらカゴに入れる。あとから分かったそうだが、マリさんのご実家ではハンバーグにニンジンを入れるのだそうだ。そうやって買い物を終えて学校に戻り、マリさんの反応をじっくり読み取りながら先生や周囲の人たちがハンバーグを作っていく。さあ、そこで出来上がったハンバーグは誰のハンバーグかと問われれば、もちろんそれは紛れもなくマリさんのハンバーグだと養護学校の先生は答えるしかない。ニンジン入りのハンバーグなんてマリさんとしか作れないのだから。

そういう内容を記録したビデオだが、佐伯氏はそこで能力とは一体何だろうかと論じるのである。もし能力を育てるのが教育だとしたら、料理をする能力のないマリさんにハンバーグが作れるなんて発想は絶対に出てこない。でもこうしてマリさんのハンバーグはれっきとして出来るのだ。そもそも誰がハンバーグを作るにしても、玉ねぎは自分で育てたわけではないし、包丁は自分で作ったわけではないし、ハンバーグという料理だって自分で考案したわけではないし、全部がおかげさまで、様々な関係性の中で作ることができるのだ。そうなると、この子は何ができて何ができないとリスト化して、一つ一つ能力を身に着けさせていくのを教育とする私たちの社会の常識は一体どうなんだろうかと疑問視するのである。

ベルトコンベアーで製品を作っていくみたいに能力という部品をくっつけていって社会にその商品を売り出して、それで人間の価値の品定めがなされる。それではその部品に欠陥があったり、老朽化して動かなくなったりしたらどうなるのかというと、新たにベルトコンベアーで出来上がった製品と取り換えられるだけだ。それが能力主義社会だ。

でも、そうやって結局今の社会は自己肯定感が持てなくて、自分なんて何の意味もなく役立たずの存在だと思ってしまう人たちを量産してしまっている。自殺者が増えるのも当然だ。

「マリさんのハンバーグづくり」はそういう社会や教育の歪みに疑問を投げかけて、自分の能力なんていうものは存在しない、けれども自分というのはこの世界で交換不可能な存在であるということを訴えかけていると佐伯氏は論じている。

「我」をベースにした社会の行き詰まりというのは、こうした能力主義社会の限界をも意味している。自力社会から他力社会へとパラダイムシフトして、誰もが存在するだけで価値があるということに気づき、存在そのものを認め合うことができるようになれば、私たちの生き方や社会環境はずいぶんと違ったものになるのではないだろうか。

〝矢印〟を〝円〟に変える

これからの時代について語ろう。「我」をベースにした社会も決して悪いわけではない。そのお陰で物質的に豊かになり便利になった。むしろ「我」の絶え間ないモチベーションと努力には手を合わせて感謝すべきである。でも「我」というのは諸刃の剣みたいなところがあって、暴走すると様々な問題を生み出して人の心を苦しめてしまう。私たちはあまりに「我」の言いなりになりすぎていたということに、そろそろ気づきはじめている。そこで次の時代のテーマは「我」からの解放になるだろう。仏教でいえば「無我」をベースとした時代だ。

「無我」というのは自分もこの世界もすべての存在には実体がないということだ。それはまさに不要不急の究極的な在り方である。「我」が必要としていること、急いでやろうとしていることの一切合切を捨て去り、「我」そのものすら存在しない境地だ。だからといって、すべての存在が消滅して空っぽで何にもなくなってしまうような虚無的で無価値な世界ではない。また「無我」は「我」の対極にあって、「我」の世界とは別に「無我」の世界があるというわけでもない。目の前に広がっているこの世界も、今こうして生きている自分もすべてがそのままですでに「無我」の状態なのだ。それに気が付かずに「我」があると思い込んでいるだけに過ぎない。

どういうことかというと、この世界も自分という人間も自立して存在することはできない。あらゆるものがつながって共存しているのだ。そういう関係性を「縁起」という。「無我」というのはそれを否定的な言葉で表しているが、肯定的な表現で言えば、すべてはつながって一つである状態をいうのだ。

『大乗起信論《だいじょうきしんろん》』という仏教論書に有名な「水波の譬喩《ひゆ》」がある。「我」というのは波のようなもので、水が「無我」という悟りの境地に相当する。波は一つひとつ大小高低さまざまな形をして水面に現れ出る。しかしそのすべての波は同時に水であり、水を離れて波があるわけではないし、どの波も水として一つである。「我」というのも、表面上はそれぞれバラバラの姿かたちをしているが、波と水の関係のように別個にあるわけではなく、「無我」として一つである。それが真実の姿なのだ。

天台の教えでは円というイメージでこれを捉えている。円というのは仏の完璧な境地だが、それはお月様を眺めるみたいにはるか遠くにあるのではなく、今この場所がすでに円の仏世界であり、その中であらゆるすべての存在が何の隔たりもなく融け合っているという（なので天台の教えを円教といったり、天台宗を円宗と別称したりすることもある。うちのお寺の名前もまさに圓［円］融寺だ）。

私たちは自分の人生に矢印を引いて、今立っている場所は目的に達するまでの過程に過ぎず、ここにいてはダメだ、誰よりも早く行かねばと躍起になってゴールを探し求めて彷徨っている。でも円の中で生きているのであれば、いつでもその足元にゴールがあるのだ。それぞれ立っている場所は違えども後も先もない。

また私たちは自分と他者との間に境界を設けて対立させて比べ合い、時には諍いを起してしまう。けれども、すべてが融け合って一つであれば、誰の存在が上も下も大きいも小さいもないし損も得もない。この世界の何もかもが誰のものでもない。ただ存在が存在しているだけなのだ。

「我」とは矢印や境界を設けることによって現れる幻影にすぎない。誰がどこにいても、どんな状況であろうとそこにいていいし、存在しているだけで価値があるのだ。だから安心してそのまま生きればいいし、みんながそれぞれ違いながらもお互いの存在を認め合える、そういう世界観だ。

いつも妻から「あなたってホント我の固まりみたいな人ね」と言われている私が「無

我」の境地を語っても説得力がないのは承知だが（せめて妻にはこの文章が読まれないことを祈るばかりである）、岩のようにゴリゴリの私の「我」も夢幻のようにもとから存在しないのであれば、躍起になって「無我」の境地を目指そうとするのは徒労だし、自分の本当の正体が「無我」なのであれば、人生に引いた矢印にも境界線にもそんなにこだわらずに自由に生きられるというものだ。所詮、生きること以外はすべて不要不急。それだったら、人生滑っても転んでもただ生きてさえいればいいではないか。そう思ったら、人生あまり深刻にならず、心に少しはゆとりができそうだ。

私の問題は〝私〟である

白い紙に「私」と書いて見せて「何が見えますか」と尋ねれば、誰もが「私」という字が見えると答えるだろう。「私」と書いてある白い紙が見えるとは答えない。「私」と同時に白い部分も見ているはずなのに、「私」だけにとらわれてしまうと、その周りにある余白に気づかないのだ。「私」の生き方、「私」の利益、「私」の目的、「私」の評価……「私」ばかりで余白がないと、「私」にしばられてかえって窮屈な生き方になってしまう。

「私」にふりかかる様々な苦悩、ままならない人生を誰かのせいだ、社会のせいだ、政治のせいだと「私」の問題の原因を外に向けたがるが、よくよく考えると自分の周りにある世界と自分が分断対立していることに要因があって、「私」の問題はつきつめれば「私」が問題なのだ。「私」の周りには広大な余白があるのに、私たちはそれを不要不急として排除するような生き方をしてきてしまったのではないだろうか。

平安時代の説話でこんなお話がある。ある琴の名人が雨の降る中、渡し船に乗っていた。とても心地がよいので一曲奏ではじめると、船頭が「ちょっとお待ち下さい」といって船を止め、屋根に菰《こも》の覆いをかけた。理由を尋ねると、屋根に当たる雨音が琴の曲と調子が合わず、せっかくの名曲が台無しになってしまうからだという。それを聞いた名人は大いに恥じて琴を弾くのをやめてしまったそうだ。

普通であれば琴の演奏を妨げる雨音は騒音でしかない。船頭は気の利いた計らいをしたと考えるべきだ。ところが、この名人は自分の奏でる曲によって雨音が邪魔扱いされてしまったことが甚だ身勝手だと感じたのだ。琴は琴、雨は雨、それぞれ異なる音を奏でながらも互いに融和して一体とならなければ本物の芸とはいえないということだろう。

コロナによって分断と対立が起きているという話をよく耳にするが、それは「我」をベースにした社会がつくりあげてきたものだ。むしろコロナによって、いままで見過ごされていた問題が浮き彫りになったといったほうがいいだろう。

これまでは自分の目標のため、自分の人生を充実させるためにわき目も振らず走っていればよかった。でもその自分が引いた矢印や境界がまるで蒸発するかのように見えなくなってしまった。それは確かに不安である。しかしその一方で、日常生活に自粛を迫られ様々な計画や予定が次々となくなったことがきっかけで、自分の人生をリセットして見つめなおすことができたという声も聞く。「私」ばかり見て生きていたのが、その周りにある余白に気づきはじめたといえるのかもしれない。

コロナは社会の実に様々なところに大きな影響を及ぼし、医療現場においても経済活動においてもいまだ深刻な状況にあるが、広い視野で見てみれば、私たちの世界はさらに素晴らしい社会の形成に向けて歴史的な転換期を迎えているようにも思える。

自分の奏でる音ばかりでなく、周りにある様々な音に耳を傾け、互いの調べに合わせるがごとく人類が調和する、そんな時代の幕開けになると信じたい。

五

どうしてもいけなければ、どうするか

——ネルケ無方

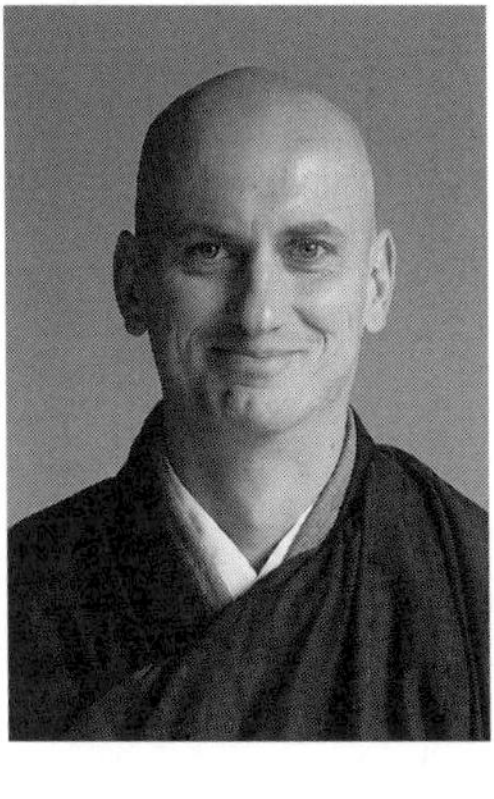

ネルケ無方（ねるけ・むほう）

禅僧。一九六八年ドイツ生まれ。高校時代に坐禅と出会い、来日して仏道を志す。一九九三年、兵庫県の安泰寺（曹洞宗）にて出家得度。京都の名刹や大阪城公園でのホームレス修行生活などを経て、二〇〇二年から二〇二〇年まで同寺の住職をつとめる。著書に『迷える者の禅修行』『迷いは悟りの第一歩』（以上、新潮新書）、『日本人に「宗教」は要らない』（ベスト新書）、『読むだけ禅修行』（朝日新聞出版）などがある。

「人はパンだけで生きるものではない」

人生ゲームに没頭するあまり、何か大事なことを忘れてしまっているのではないか。「自粛要請」という矛盾が独り歩きしている昨今、本当に大事なことは仕事や会議のほかにあったはずだと実感している人々も多いでしょう。今こそ「人はパンだけで生きるものではない」(「マタイによる福音書」4：4)や「世人、薄俗にして共に不急の事を諍う」(『大無量寿経《だいむりょうじゅきょう》』)といった古今東西の宗教家が残した言葉を噛みしめる必要がありそうです。生きる上で、本当に必要なことは何か――宗教家は、あたかも「不要不急」が叫ばれる世界がやがて来ることを予期していたような、そんな想いさえ抱かせます。

去年まで私は、兵庫県の山奥にある安泰寺という小さな寺の住職をしていました。世界中から参禅者が集う国際色豊かな修行寺ですが、「檀家ゼロ」「自給自足の生活」で収入もありません。

このお寺の跡を継いだ二〇〇二年、縁あって出会った大阪在住の女性にプロポーズをしました。三十三歳のホームレス雲水《うんすい》（註：修行僧のこと）との結婚に踏み切った妻の勇気（それとも無謀さ？）は察しきれません。寺では、朝晩は参禅者とともに坐禅をし、日中は田畑を耕す生活。妻は三人の子供と別の食卓を囲み、陰で支えてくれましたが、ある日には青天の霹靂《へきれき》のごとく、

「お寺と家族と、どっちが大事なん？」

という〝公案〟を私に突き付けてきました。

ここは妻に負けてはいけないと、「修行が大事に決まっているじゃないか」という捨てゼリフを吐きました。本音を言えば、どちらも修行に違いはないと確信していますが、その思いが妻に通じたかどうか。

そのころはお寺の外部からもよく、

「あなたがたはどうして自己満足に陥っているのか。坐禅は現実社会の中で悩み苦しんでいる人々への答えになっていない！」

というような批判を頂戴しました。それに対して、私は強引なカウンターを繰り出しました。

「自己満足？　とんでもない！　私たちのこの生活こそ、これからの世のモデルとなる

はずだ。様々な国籍を持って、様々な言葉をしゃべっている人たちが、同じ釜のご飯を食べ同じ風呂釜に入り、切磋琢磨をしながら自給自足の生活を営む。それは決して時代遅れではなく、行き過ぎた近代の資本主義社会に対する問題提起かつ提案でもある。ここで共に学んだ仲間が山を下りた時に、その学びが現実社会にもきっと大きな影響を及ぼすのだ」

十年前に起きた東日本大震災は、私にとっても大きな転換となりました。理不尽な天災によって多くの命が失われたからか、いつにもまして仏教が求められ、ちょっとしたブームのような状態でした。その波に私も飲み込まれる形で、テレビの取材を何度も受け、拙い日本語で綴った自分の思いはいくつか書籍にもなりました。

いわく、「大震災をきっかけに、命の尊さを再確認できた」「今ここにある自分の『リアル』を再発見しよう！」「小欲知足を実践し、絆を実感できる社会を築こう」など、私もこうしたスローガンに賛同し、そのまま復唱しました。

同時に、少し皮肉を言いたくなったことも。

例えば、「〝絆〟って、〝束縛〟という意味じゃないか。そこからの解脱を説くのが仏教だ」「人と人とがつながることよりも、まず各々が自分の縦軸を見つけ出すことが重要なのでは」「芯のないもの同士がつながったって、巨大な毛玉に過ぎないじゃないか」といったように。

全国のお寺や文化センターに引っ張り出され、様々な切り口から日本のこと、仏教のこと、これからの生き方について講演するようになりました。

「お寺は家族より大事に決まっている」と妻を一喝した私ですが、弟子からは「私たちは坐禅をしにここに来たのに、あなたは外で講演ばかりしている。お寺にいても、坐禅よりも執筆している時間が長い」というごもっともな批判が聞こえるようになりました。坐禅、家族、それとも現世、いったい何が一番大事なのでしょうか――。

お坊さんの〝存在理由〟とは

解決の糸口が見えたのは、二〇一九年です。私はその春、家族と大阪に引っ越し、お寺の運営を弟子に任せたのです。子供の進学という理由もありましたが、それよりも住職の世代交代の必要を感じたのです。安泰寺の歴代住職はみな十年、十五年の間に潔くバトンタッチをし、弟子にお寺を譲っています。私だけは十八年間も住職の座にしがみついていましたが、二〇二〇年の秋には正式に引退し、十年間安泰寺の修行に励んでいた中村恵光《えこう》尼が跡を継ぎました。彼女を中心に新たな叢林はスタートし、世界に開かれた安泰寺は大いに発展するはずです。

それまで二足の草鞋を履いていた私は、それから大阪を拠点に坐禅会や講演会を中心とした仏教の布教に専念しました。日曜の野外坐禅会の後にはカフェーの中でコーヒーをたしなみながら「正法眼蔵の勉強会」を始めたり、さらに多くの講演会のオファーが届いたりしたその矢先、新型コロナウイルスの感染が拡大しました。

二〇二〇年二月には、まず欧米に先駆けて学校の休校が決まり、長いながい春休みが始まりました。子供たちは最初のうち喜んでいたものの、オリンピックよりも義務教育の優先順位が低くなり、〝不要不急〟とされたことに驚いたはずです。もちろん、私の活動など〝不要不急〟の部類以外の何物でもなく、春以降の講演会は次々とキャンセル。そのころ「一緒に過ごすことが増えて、家族の絆が深まった」というようなお話もよく耳にしましたが、一日中いっしょに在宅していると家事は倍増し、子供はゲーム三昧、親は慣れないリモートワークも手につかないと実感したお方も多かったのではないでしょうか。いや、他人事ではありません。「どこか行ってよ！」と言われながら、外出自粛が呼びかけられているさなか「ここにも僕の居場所はないのか」とため息を吐いたのは私だけではなかったはずです。

「せめて日曜日の野外坐禅会を続けなければ」と思っていたのですが、家では私のことをあれだけ邪魔者扱いしている妻に「僧侶なのに、そんな無責任な！」と一喝され、五月からオンライン配信に切り替えました。そのおかげで、コロナの影響で自由にお寺や道場に通えない、世界中の希望者が参加するようになりました。日本の日曜の朝六時は、ドイツの土曜日の夜十一時、アメリカではさらに早い土曜日の午後です。始まる前のあいさつは「グッド・モーニング、グッド・イヴニング、グッド・アフターヌーン！」で、坐禅の後に開催される勉強会にも、多くの方が加わりました。その一方で、オンラインでの坐禅会や勉強会に物足りなさを感じて、縁遠くなってしまった方も決して少なくありません。

夏の施餓鬼会《せがきえ》の説教師やお盆の棚経《たなぎょう》のお手伝いといった、僧侶としての〝お仕事〟も一切なくなりました。お寺にとっても檀家さんにとっても、葬式法要は〝不要〟だったのでしょうか。法要が減っても、お坊さんにとって気になるのはお布施の減り具合だけで、檀家さんはむしろ出費が減ったと感じているかもしれません。法要が〝不要〟なら、僧侶にとって本当に必要なものとは何でしょうか。

すべての答えが不正解に

　夏が始まっても、上半身だけ作務衣、下半身は常にパンツ一丁のままのズーム生活は終わりそうにもありません。人生の中で一番暇な夏だったかもしれません。そのころ坐禅会や勉強会の参加者に次のメールを出しました。

「コンビニの数より多い日本の寺院の存在意義が問われて久しいですが、去年までは『地域に根ざした、開かれたお寺を目指すこと』『お坊さんは庫裏《くり》に籠るのではなく、もっと積極的に街に出て布教せよ』ということが解決策として挙げられました。しかし『不要不急』の外出自粛が呼びかけられている昨今、その模範解答はもはや全く使い物にならない。門戸を広く開けるわけにもいかず、檀家回りすら普通通りにできないご寺院も多いのではないでしょうか。そういうご時世において、坐禅会も勉強会もリアルで『面授』できないのはやむを得ないことと存じます。

　その昔、臨済宗系統ではありますが、世界に在家禅を広めた久松真一博士は、すべての公案を一つだけに凝縮した基本的公案を提唱しました。

『どうしてもいけなければ、どうするか』

〝どうしてもいけない〟ということは、〝なにもしないという選択肢すらない〟ということです。『何をやってもダメで、何もしないというのもダメ』というまさにこの時、何をどうすればいいのか？

ほかでもなく私たち僧侶、いやこの私に突き付けられている現成公案です」

このメールに対する皆様からのご返信の数々は、私の心の支えにもなりました。

「コロナ禍で、世の中のあらゆる活動が実は不要不急だとバレて、リアルがバーチャルテクノロジーに負けてしまった今、私は心の底から価値のない坐禅を知っていてよかったなあと感謝したい」

「急だ急だと背中を押してくるそいつは誰なのか、と考えるとまさに仏教的だと思う。今こそ要にも急にも邪魔されない坐禅をする時じゃないか、と感じる」

「コロナさまは本当の意味で、いいお坊さんとひどいお坊さんをあぶりだしてくれた。昭和時代には、いくら叫んでも崩れなかった利益追求主義が瓦解していく興味深い社会になりそうだ」

禅の公案である以上、そこには決まった答えはありません。しかし公案である以上、答えないわけにもいきません。問題は、これまで正解とされていたすべての答えが、不正解にされてしまったことです。日本の社会を覆う閉塞感が議論される際には、それまで私を含む僧侶たちが多用してきていた、なんとなくありがたげのある「仏教カード」がことごとく使えなくなってしまったのです。

「人々に寄り添うこと」から、ソーシャル・ディスタンスへ。

「広く門戸を開く」から、不要不急の外出自粛へ。

「触れ合いと温もり」から、マスク着用と手指消毒へ。

「絆とつながり」から、ステイホームへ——。

すべての価値は一八〇度ひっくり返ってしまいました。「バーチャルよりリアル！」という、かつてのスローガンは何だったのでしょうか。

世間ではリモートワークが推進され、飲み会までがオンライン化されました。二〇二〇年、日本各地の寺院で予定されている落語で法話、お寺での婚活、本堂でベリーダンス、坐禅とヨガのコラボなどの企画のほとんどはキャンセルされました。

私も坐禅や勉強はもとより、秋には初めて友人のお葬儀にズームで参加し、逆行できない時代の変化を肌で感じました。

「生死事大、無常迅速」

夏までにコロナは収束するだろうと思われていた二〇二〇年の春、私はよく「百箇日《ひゃっかにち》禁足《きんそく》」という僧堂の専門用語を使いました。「安居《あんご》」と言われる期間中、私用のために一切他出しないというのが「百箇日禁足」の意味です。いったん入門をすれば、一年の大半を自分と向き合って過ごすことが禅の修行です。自分の意志でそれをすることと、仕方なくそれを強いられてしまうのでは天地の差があります。私はまさに安居・禁足するために三十年前にドイツから日本に渡ったわけですが、その理由について簡単にご説明しましょう。

私は七歳の時に母親を亡くしてから長年、生きる意味に悩んでいました。

「どうせ死ぬのに、なぜつまらない宿題をしなければならないのだろうか」

学校から帰宅した私は勉強の意味が全く分からず、かといって友だちと外でサッカーをする気にもならなかったのです。一日じゅう部屋にこもっている私を、父親は叱りました。

「宿題をしなければ、いい成績は取れないぞ！　いい成績が取れなければ、留年になるぞ？」

「大学くらい出なければ、ゆくゆくはいい会社に就職できないよ。それでもいいのかい」

しかし毎朝仕事に向かう父親の姿は、決してうれしそうではありませんでした。「仕事に何の意味があるの？」と問う私に、「金儲けに決まっているじゃないか！　君を養うためにさ」と答える父。

それでも私は、納得がいかなかったのです。母が死んだように、父も死に私もやがて死ぬはずです。なのに、なぜ生きるのか――。

そのとき私は小学生なりに、仏教の説く「諸行無常」に目覚めていたと思います。無常の立場からすれば、学業も経済活動も不要であり不急と言わざるを得ません。いずれにせよ人生そのものの意味が分からないのですから！

私一人の人生だけではありません。人類が滅亡しても、地球という惑星にとって我々の存在も〝不要〟です。いや、人類絶滅こそホモ・サピエンス以外の生命体にとって救いかもしれません。人類の存続こそ、〝不要不急〟かもしれないのです。

仏教はそんなシニカルな教えでしょうか？

いいえ、私は決してそうではないと思います。それを気づかせてくれたのは、日本での修行生活でした。

禅の僧堂の入り口にはドアベル代わりに「生死事大《しょうじじだい》、無常迅速《むじょうじんそく》、各宜醒覚《かくぎせいかく》、慎勿放逸《しんもつほういつ》」と書かれている木板《もっぱん》がかかっています。この板をたたいて入門をお願いするわけです。

「生死事大無常迅速、おのおの宜《よろ》しく醒覚《せいかく》すべし、慎《つつし》んで放逸《ほういつ》することなかれ」

それは、「自分が今生きている、まさにこの瞬間の命がいつ終わるかはわからない」という意味です。明日になれば、今日の私はもうここにいないだろう。この一瞬の命をどう生き、どういう態度で死に向かってゆけばよいのだろうか？　この生死の大問題（事大）を直視し、ごまかすことなくこの問題と向き合うために僧堂の安居や禁足があるのです。そのためにほぼ毎日欠かさず実践されているのが坐禅なのです。

ゲームを下りて一服する

理屈っぽい私は安泰寺に入門した当初、やはり坐禅の意味を知りたかったのです。なぜ坐禅をするのか？　なんの効果が期待できるのか？　悟れば、果たして私のすべての問題が解決されるのだろうか――。

その時に出会ったのが、安泰寺の五代目の住職・澤木興道老師の言葉です。

「坐禅して何になるか？――ナンニモナラヌ。――このナンニモナラヌことが耳にタコができて、本当にナンニモナラヌことをタダするようにならねば、本当にナンニモナラヌ」（内山興正著『宿なし興道 法句参』大法輪閣）

「坐禅して何になるか？――この『何になるか』という問いが第一、中途半端じゃ。テレビが発明されて何になったか？ おまえが生まれて何になった？ 何になるものは一つもない。（中略）ナンニモナラヌを自信を持ってしておるところが、おもしろくはないか」（櫛谷崇則編『禅に聞け―澤木興道老師の言葉―』大法輪閣）

初めて読んだときには、頭にはクエスチョンマークしかありませんでした。「ナンニモナラヌ」ことはなぜ面白いのか。しかし、その真意を問いながら私は安泰寺で坐禅に打ち込みました。

今その意味を問われれば、坐禅は「ゲームを下りることだ」と答えます。勝ち負け、損得、モテ・非モテ……そういうゲームを一服することが坐禅なのです。そのゲームを一服した視点からの眺めこそ、禅で言う「悟り」なのです。

悟りというものは決して自慢したりできるような特殊体験ではなく、誰もがゲームに参加するまで持っていた当たり前の感覚、一番自然な状態なのです。一言で言えば、今ここ、この自分に「帰家穏坐」するのが坐禅の意味なのです。

禅僧にとって不要不急の極みである坐禅こそ〝要〟であり、もっとも〝急〟なことのはずです。それに比べれば、教育も生産も消費も二の次、ましてやオリンピックなど。安泰寺で過ごした年月は、まさに「禁足」に近い生活でしたから、いまさら「ステイホーム」と言われても、私はビックともしませんでした。そもそも仏教用語である「三密」の禅的解釈は、「体はじっとして、口をつぐんで、心は手放す」ことですから、〝三密〟に気をつけるのは禅僧のお家芸です。

しかし「修行僧のような生活は御免だ！」というお方が大半でありましょう。「百箇日」で済めばともかく、このような状態がこれからも数年間、下手をすれば数十年間続くとするならば。

不安になっている人に向かって、「今は全人類が世界規模の接心《せっしん》（五日〜七日間、もっぱら面壁《めんぺき》をする修行期間）に参加し、普段おろそかにしている自分の『今ここ』と向き合っている。視点を変えれば、外出自粛の呼びかけも大きなチャンスに変わるはず」という提言はあまりにも軽率だったかもしれません。

YouTuberデビュー

二〇二〇年の秋、予定していたドイツの講演ツアーがキャンセルになった時も、私はホッとしました。移動中の感染が怖かったからではありません。私にはそもそも旅行の醍醐味が全く理解できないのです。高いお金を払ってまで、長時間狭い飛行機に乗って、ホテルからホテルへと次々に移動し、荷造りを繰り返し、お世辞にもおいしいとは思えない郷土料理を食べる。また、講演の後に必ずと言っていいほど繰り広げられる、ドイツ人特有の理屈っぽい質疑応答を考えただけでも、同じドイツ人の頭でっかちな私でも嫌になっていたのです。コロナのおかげで、長い夏休みはさらに延びて、美しい日本の秋を大阪の狭いバルコニーの上で満喫できたのです。

それでも開催者と参加希望者に申し訳ないという思いから、予定していた三週間のツアーの間だけでも、毎日YouTubeにドイツ語の動画をアップしようと決めました。最初は日本での生活や最近読んだ本、安泰寺を離れた理由などについて話をしました。視聴者からは、私の期待をはるかに上回る大きな反響があり、それまで全く禅と無縁だった方々から、「坐禅の目的は?」「どうやって無心になれるのか?」「日常生活の中の修行は？」「椅子の上でも瞑想できるのか？」といった質問が次々と届きました。時間つぶしのつもりで始めた動画シリーズでしたが、気づけば冬に入っていたのです。ちょうどドイツでは再度のロックダウンが発令され、視聴者は増える一方でした。

始めた当初は、理屈っぽいテーマを解説してほしいというリクエストが多く寄せられました。「仏教の根本教理である四聖諦《ししょうたい》や十二因縁《いんねん》を分かりやすく説明してほしい」とか輪廻転生《りんねてんしょう》と無我説の矛盾についての指摘、悟りや空《くう》の定義をめぐっての議論、道元の『有時《うじ》』とハイデッガーの『存在と時間』、禅の思想と近代の西洋哲学に類似性が見られるかどうか……。

さらに、キリスト教の愛と仏教の慈悲、仏教と一神教の違い、仏教徒になるための条件、禅は仏教か、そして仏教ははたして宗教かなどについても。

それだけではありません。

僧堂における先輩後輩システムの意味は？ 修行僧に足の痛みを我慢させたり、棒で叩いたりすることは、暴力のうちに入らないのか？ 仏教僧の戦争協力や、欧米で起きている宗教者のセックス・スキャンダルももちろん話題にされました。なぜ禅僧は女性より男性が多いのか？ 同性愛者の立場は？ なかには、「お寺はしょせん男社会！

その風潮はファシズムと変わらない！　無分別とかいうけど、禅の世界は差別そのもの！」と声を荒げる参加者もいました。

それから徐々に、苦しみの原因は？　なぜ孤独を感じるのか？　自殺について思うことなど、次第に叫びに近いような質問が増えてきました。それには本で学んだ知識では答えられません。私はそこで「『仏教は……』ではなく、私はこう思う」と一人称的な立場を貫きました。

「あなたは輪廻転生を信じているのか」

「あなたは果たして悟っているのか」

「あなたが動画をアップしていることが、禅の精神に背いているのでは」

「大阪でどうやって生活しているのか」

日本人が思っても口に出さないような突っ込みもあります。そういう時は「私よりあなた自身がどう思い、どう行動するかが問題だ」と答えています。視聴者も各々一人称の立場に立っていなければなりません。

「坐禅しても何にもならぬ」や「まず十年間、黙って坐る」というような答えは、YouTube の世界では通用しないらしい。「禅プラクティスの効率を上げるためにＬＳＤ

を服用すれば」と本気で聞いてくる人もいました。長い寺生活のせいで鈍くなった私の頭をアップデートする必要があるようです。

「お父さんは毎日、何しているの?」

そう尋ねる子供に「YouTuberだ」と言うと、「ウソ!?」と半信半疑。「見てくれている人たちの質問に答えて、その人たちに禅のこと、仏教のことを教えている。失礼なコメントもくるけど、一人ひとりに自分の人生を考えてもらいたい。それがお父さんのこれからの社会的役割かもしれないね」と言うと、「ヒカキンとコラボをしたその日には認めてあげよう」とやられてしまいます。私もまだまだ修行が足りません。

ドイツでも閉塞感

二〇一九年、国連でスピーチをするために十六歳の環境活動家グレタ・トゥーンベリは小さなボートで大西洋を渡りました。「よくもそんなことを!(How dare you!)」という彼女の訴えを嘲笑う大人たちも少なからずいました。私も、欧米の若者が行っていた「フライデーズ・フォア・フューチャー(高校生が金曜に登校せず、環境保護の運動を行うこと)」に賛同しながらも、パフォーマンスが過ぎるという印象を持っていました。

グレタさん、飛行機くらい乗ればいいのに。少なくとも僕はボートには乗りたくない、と。ところが、わずか一年後には国際便はほとんど飛ばなくなりました。気候変動のためにやる気を起こせなかった各国の政治家たちは、それぞれ大胆な政策をとり、不可能と思えていた改革は可能になっていたのです。

私たちを快楽のために働かせていた資本主義がもうじき幕を閉じる。そう感じているのは私だけではないはずです。「パーティーが終わった」という周りの声の中からは、落胆というより新しい時代に対する希望も聞こえてきます。その一方「参加もしていないそのパーティーのツケを、なぜ僕たちに払わせるのですか？」と言う人ももちろんいます。それは高校を卒業し、免許を取り、これから楽しい大学生活を満喫しようと思っていた若い人ばかりではありません。

チャンネル・コメントの中にも、散髪屋に行きたいとか、友達と会食したいとか、リアルで坐禅したいとか、ロックダウン生活に不満を表す声が増えました。家族と散歩していたら警察に身元を取り調べられた。マスクを着け忘れていたから罰金まで取られた。日本は平和でうらやましい！

マスクを着けて坐禅をしている動画をアップすると、必ず怒る人がいます。「お前まで洗脳されているのか？　これでオサラバだ！」

「スピリチュアル」の世界では、コロナは「ガイア（地球生命体）」の自己調節システムが生み出した自浄プロセスだという珍説が出回っているようです。要するに、ホモ・サピエンスは地球にとってのウイルスであり、コロナはそのワクチンというわけです。コロナ反対派もいます。コロナウイルスそのものに反対というより、マスク義務や学校の閉鎖、ロックダウンのあらゆる規制に反対というわけです。「お前まで……」とはこの人たちの落胆です。

「感染率を下げるためには、少々の犠牲を払うのはやむを得ない」という世論に同意するドイツ人が大半ですが、春の復活祭も秋のオクトーバーフェストも、クリスマス・マーケットからケルンのカーニバルまで、多くの人々が楽しみにしていたイベントから宗教色の濃い伝統行事までが中止になるとは、当初は誰も思っていなかったはずです。ウイズ・コロナの実態に限界を感じている人がドイツにも少なからずいるのも事実です。

つまり、資本主義の終焉を喜ぶ人々がいる一方、オーウェルの『１９８４』やハックスリーの『すばらしい新世界』、最近の例で言えば『マトリックス』のようなディストピアが始まるのではないかという人もいます。陰謀論者と言われれば言われるほど、彼らの闘志は高まる一方です。

昨今の閉塞感で特に苦しんでいるのは、旧東ドイツの共産主義体制の記憶を鮮明に持っている人々です。一九九〇年に東西ドイツが再び統一された時も、旧東側の住民は「劣等国民」として扱われていると感じていたようです。二〇〇五年に初めて東ドイツ出身の首相が選ばれたことは、彼らにとって大きな意味を持っていたはずです。「これで私たちもようやく、一人前として認められた」と。ところが、やがて手に入れていたはずの集会の自由（デモなど、ある特定の課題に対する賛同者が、制限を受けずに一堂に会する自由）や移動の自由（国外旅行など）はどうなるのか。その自由を、あのメルケルが私たちから取り上げて、再び完全に管理された社会に戻すつもりなのか——。

自分の正義の為には他者を犠牲にすることも厭わない、という姿勢がドイツでは特に浮き彫りになりました。ショッピングモールでオリジナルのルールを振りかざし「お前のディスタンスが足りてない、さがれ、さがれ」と声高にわめく人もいるようです。自分の行動が他者には無関係だと錯覚していること、その無自覚さが問題を更に複雑にしていると思います。そこには、生死事大が欠落している、と私は常々感じています。

父がドイツでコロナに感染

「お父さんが感染した！」

ドイツの妹から連絡があったのは二〇二〇年十二月に入ってからでした。腰の手術のために入院をし、リハビリ病院に転院した際のコロナ検査で陽性反応が出たそうです。自覚症状のない本人が一番驚いているようでした。リハビリは即中止になり、ほとんど歩けない状態の父は二週間の隔離生活を強いられました。妻には予想通りの助言をもらいました。

「こっちにおってもすることあらへんやろ？　国に帰ってお父さんの看病したりーや」

三人の子供を男手一つで育てた父親であり、私はその長男です。しかし、母国といえどもすぐにドイツに入国できるかどうか、日本へ再入国できるかも不明です。

結局、子供のいない私の妹が仕事を休んで、父親と一緒に隔離生活に入りました。家族のいるもうひとりの妹が買い物をして、毎日ドアの前に届けていました。隔離期間を終えて、父親はリハビリ病院に入院しました。コロナ感染を防ぐために、病院ではクリスマスもお正月も面会は禁じられていました。連絡手段は、父親が使いこなせていない「ワッツアップ」というＳＮＳしかありません。

「おじいさん、おばあさんのためを思い、今年のクリスマスは別々に過ごしましょう」とメルケル首相はテレビ演説で言いましたが、最後になるかもしれないクリスマスに、孫と会えなかったご年配の方々はほかにも多くいたはずです。感染のリスクを下げるために、見舞いにも行けず、看取りもできず、お葬式にも集まれなかった家族もいるのです。

二〇二一年一月にようやく家に帰ることができた父は「リハビリ病院でたまたま検査をしなければ、こんな目に合わずにすんだのに」と漏らしました。日本では本人がコロナの感染を心配しても、なかなか検査してもらえないことを説明しました。いまだにオリンピックを開催したいという儚い夢に固執しているのか、「見ざる聞かざる検査せざる政策」で感染者数を恣意的に低くしているだけだと言ったら、父は「それがいい！」と即座に答えました。

「生存のために、私は自分の生きがいをこれ以上犠牲にしたくない。ロックダウンはもう御免だ！」

それはわが父という、一人のボケ爺の愚見に過ぎないかもしれません。ドイツでも、おじいさんが孫を抱っこできる日はまだ遠そうです。

㊅

笑いも仏法も、永久に〝不朽〟です

——露の団姫

露の団姫（つゆの・まるこ）

落語家兼尼僧。一九八六年静岡県生まれ。二〇〇五年、高校卒業を機に露の団四郎へ入門。大阪の繁昌亭はじめ寄席、テレビ、ラジオなどで活躍。二〇一一年、第六回・繁昌亭輝き賞を最年少で受賞。同年、天台宗で出家。二〇一七年、第五十四回・なにわ藝術祭落語部門新人賞受賞。著書に『プロの尼さん』（新潮新書）、『法華経が好き！』『女らしくなく、男らしくなく、自分らしく生きる』（以上、春秋社）などがある。

落語は不要不急？

「キャンセルでお願いします」
「中止になりました」
「一年延期ということで……」

二〇二〇年二月下旬。あっさりと言い渡された「不要不急」の四文字。思い返せば、そのときの私にはまだ余裕というものがありました。

「仕事がなくても、せめて美味しいものでも食べて楽しく過ごそう！　しばらくしたらコロナも終息して、仕事も戻ってくるだろうから……」と、預金通帳を眺めながら、ポテトチップスをかじっていたのです。

しかしその一年後、私は今日もスーパーで四十六円のもやしと三十八円のもやしを睨めっこさせて、やはり、三十八円のもやしをカゴに入れています。

目の前の公演が無くなる「不要不急」から、公演再開の見通しが立たない「不要不急」へと、状況はより深刻になっていたのです。

申し遅れました。私、落語家で天台宗僧侶の露の団姫と申します。現在、三十四歳。高校生の頃から落語家になりたいという夢を持つ一方、自死を考えていた時期に法華経に救われた経験から、信仰心には自死を防ぐ力があるのではないかと考え、自死する人を一人でも減らしたいと僧侶を志しました。その後、十八歳で落語家として師匠のもとへ入門。三年間の住み込み修業を経てプロの落語家となり、二十五歳で出家した私は、比叡山での修行後、落語という仕事で収入を得ながら、それを元手に宗教活動をするという日々を送ってきました。ところが、そのリズムをいとも簡単に崩したのが、新型コロナウイルスだったのです。

「不要不急」は「不謹慎」なのか

新型コロナウイルスが、各種の舞台公演を「不要不急」と名指ししたのは、コロナ禍初期のことでした。豪華客船での集団感染に続き、ライブハウスでクラスターが発生したことから、限られた空間に人を集める、音楽や芝居、古典芸能などの舞台公演も感染拡大の恐れありとみなされ、二〇二〇年三月上旬には軒並み「中止」や「延期」の札がかけられていったのです。

このとき、お客様も含む舞台公演に携わるすべての人たちの間で、意見は真っ二つに割れました。「公演を中止すべきだ」という意見と、「公演を中止させてはいけない」という声がぶつかりあったのです。

私自身はもっぱら前者でした。中国・武漢のニュースを見る限り、新型コロナなる未知のウイルスはそんじょそこらのものだとは思えず、お客様の身の安全はもちろん、自分自身も正直仕事を断りたいほどでした。

また、落語は古典芸能という肩書を持ちながらも、社会的には「娯楽」に分類されるため、人生をより豊かにするものではありますが、命をかけてまで楽しむものではありません。残念ながら「不要不急」と言われてしまえばそれまででした。

「プロ」とは、己の立場を知る者です。「この仕事で生きていく」と決めた舞台関係者は、巧みに「破天荒」を演じながらも、いつ訪れるか分からない「もしも」のために、人一倍の備えをしている人が多いのです。

しかし、後者はなぜ「公演を中止させてはいけない」と叫んだのでしょうか。

はじめは、公演を中止することによって起こる金銭的ダメージの問題かと思いましたが、どうもそれだけではなさそうです。

その根底にあったのは、「不要不急」と結び付けられた「不謹慎」という言葉でした。パンデミックという社会的事象により発生した「不要不急」が、東日本大震災のときに舞台公演に突き付けられた「不謹慎」の記憶を呼び覚ましたのです。

「舞台公演に対する自粛要請は、いじめであり差別だ」――「不要不急」という文字を「不謹慎」と変換した人たちは怒っていました。十年前、「自粛」という幕を一方的に引かれた怒りが、そのような変換を促したのです。

その怒りは、「パンデミック下での感染拡大防止を目的とする公演中止」と、「世の中が大変なときに笑いや芸術は不謹慎なので公演自粛」を混同させ、それとこれとは違うという声をなかなか受け入れてくれませんでした。

結果、強行されんとする公演が一部で神聖視される一方で、不覚にも「生の舞台」を求める声に「不謹慎」というハンコを押されてしまったのです。

「差別」と「区別」

「不要不急」が引き金となり、皮肉にも舞台を愛する者同士で起こってしまった分断と混乱。人の考えは千差万別ですが、今回、どうすれば「不要不急」を「不謹慎」「自粛」

といったキーワードと切り離せたのでしょうか。私はここに「差別」と「区別」についての正しい視点が必要だと考えています。

　私は日頃、著書や講演、ＳＮＳなどで頻繁に人権問題を取り上げます。特に私の場合は自身が一番身近に感じている女性差別について啓発することが多いのですが、声をあげ続けることは、「差別」を「区別」と言い張り正当化しようとする人や、「区別」をもとに必要な支援を受ける人を指しては自分に対する「差別」だと怒り、他者の生きやすさや幸せに生きる権利を妨げる人たちとの闘いの日々です。

　「差別と区別の違いは？」——これほど面倒な議論はありませんが、それでも私は、僧侶こそ「差別」と「区別」について毅然とした態度で社会に発信していくことが大切だと考えてきました。というのも、「差別」は仏教用語だからです。

　「なぜ平等を掲げる仏教に差別が……？」と、ドキッとしてしまう方もおられるかもしれません。でも、安心してください。経典の中に登場する「差別《しゃべつ》」とは、あくまでも「区別」の意味で、決して、人を傷つけるものではありません。

　では、「差別」と「区別」の違いとは何なのでしょうか？

　世の中には、その違いがハッキリしないため有耶無耶な暴論に口を閉ざしてしまう方

「差別」とは、「区別」とは「物事そのものの違い」を指し、「差別」とは、「区別をもとに不当に低く取り扱うこと」です。この違いを知るだけで、物事を冷静に見極めることができます。

例えば、二〇一八年に報道された東京医科大学の入試問題では、以前から受験生の女性が一律減点されていたことが明るみに出ました。これは、女性という「区別」をもとに行われた、「不当に低く取り扱う」行為ですから、間違いなく「差別」です。

一方、男女平等を叫ぶと、「じゃあ、更衣室も銭湯も、男女一緒でいいんだな?」と脅してくる人がいますが、これは違います。男性と女性は体の構造が違うという区別がありますが、その区別によって身体が関係する更衣室や浴場が分けられることは、誰かが不当に低く取り扱われる差別ではないことは明らかです。

また、電車の女性専用車両もしかりですが、世の中には残念ながら、性別や出自、障害など、自分では変えようのない区別に対する「不当な扱い」がなくならないからこそ設けられている支援策もあります。

「区別」をもとに不当に低く取り扱われれば「差別」となりますが、「区別」をもとに支援することは、誰かの生きやすさに繋がります。だからこそ、「区別」の視点は常に持ち続けなければいけませんし、「差別」と混同してはいけないのです。

今回の「不要不急」による公演中止は、一定時間、同じ空間に人が集まるリスクを考えると、やはり、命を守るための区別であり、差別ではなかったと思います。だからこそ、すべてを補えるわけではありませんが、持続化給付金などの支援策が設けられました。

しかし、「区別」であるからこそ苦境を強いられながらも生き抜かんとする私たちへの支援が今後もし打ち切られ、そのうえで「中止」「客席半数」だけが「お願い」として続けられるのだとしたら、それは、舞台芸術という仕事が軽視されている不当な扱いです。萎縮することなく、声をあげ続けなければなりません。

仏教界と世間の温度差

このパンデミック下において、僧侶たちはどのように世間と関わり、役立ったのでしょうか。正直、私は仏教界と世間との間に想像以上の温度差を感じていました。世間は驚くほど仏教に「抜苦」を期待しなかったのです。

それもそのはずです。緊急事態宣言が発令されると多くの僧侶がＳＮＳを通じ様々な

「教え」を発信してきましたが、世間が求めていたものは「教え」の前に、まず「共感」でした。共感無くしていきなり語られる「説法」は、まさに、世間の人たちにとって「オセッキョウ」でしかなかったのです。

例えば、家賃問題です。二〇二〇年の五月ごろといえば、「解雇された」「給料をもらえない」「出勤時間を減らされた」「なのに税金は待ってくれない」「食べていけない」「死ぬしかない」……。そのような声が世間に溢れ、家賃の支払いができなくなり路上生活者となった若者の姿が連日テレビに映し出されました。ところが、人間の生活基盤であり命に関わる「衣食住」の問題であるにもかかわらず、その苦しみに寄り添わんとする僧侶の姿は私の知る限り、ごくわずかでした。

これは、「無財の七施《しちせ》」で「房舎施《ぼうしゃせ》」を説く仏教であれば、率先して取り組んでもおかしくない問題です。「房舎施」とは、他者に休息する部屋を提供する布施行の一つで、仏道修行の基本ともされています。そうだというのに知らんぷりでは、「無関心」と思われても仕方がありません。関心はあっても問題意識を持てなかった、というのが実際のところではないでしょうか。

仏教界では多くの僧侶が寺の住職の子として生まれ、跡取りとして育ち、宗派を母体とする大学を出て、修行をし、住職となります。その過程では、「自分の稼いだお金で家賃を支払う」という経験をしない人も多く、住職となったあとも家賃や固定資産税で頭を悩ませる人はほぼいません。だからこそ、「家賃の苦労」がどれほどのものか、「家賃を払えないかもしれない恐怖」がどれほどのものか、どうしても想像がつきにくく、かつ、身近な話題として感じ取ることが出来なかったのだと思います。ただ、これは決して世襲制を批判しているわけではありません。跡取りとして住職となった僧侶の大半が人格者であることは確かですし、僧侶の生活水準が高いことは悪いことではないのです。しかし、だからこそ、想像力と共感力が人一倍求められているのではないでしょうか。

家賃問題だけではありません。他にも、政府から配られた布マスクに憤る人たちに、「いただけるものは有難く頂戴しなさい。感謝しなさい」というアリガタイ言葉を投げかけた僧侶たちがいました。しかし、明日の生活すら安心出来ない人たちにとって、それは暴言でしかなかったでしょう。

税金を納めるために食べられなかった食事。

治療費に震え行くことをためらった病院。

救済措置のない学費のために追われた大学。

大なり小なり、そのような境遇に置かれた人たちにとって、人生や命を削ってまで納めた税金で「いただいた」のではなく「配られた」あのマスクに、なぜ文句を言うなと守られた場所から言えるのでしょうか。

憤る人たちは、苦しんでいます。その苦しみに共感することは、怒りの矛先にあるものを批判することとイコールではありません。法を聞いてもらうためには、怒りや悲しみなどの苦に、まずは共感という痛み止めで対症療法を施し、苦しみを取り除く必要があります。その痛みが和らいでこそ、はじめて、根本治療となる仏法が傷を癒し、再生の力を生みだすのです。

相手の状況にお構いなしで一方的に説かれる法は、たとえ伝統仏教の素晴らしい教えであっても押しつけにしかなりません。これでは僧侶の存在は「不要不急」とされるどころか「NG」を出されてもおかしくありません。「今こそ仏教」という僧侶同士で用いられるスローガンは、教えばかりを連発することではないはずです。

比叡山をひらかれた伝教大師《でんぎょうだいし》様は、その『願文《がんもん》』のなかで、自らを「愚が中の極愚、狂が中の極狂《ごくおう》、塵禿《じんとく》の有情《うじょう》、底下《ていげ》の最澄」と内省したうえで、不退転の覚悟を述べられています。

伏して願わくは、解脱の味独り飲まず、安楽の果独り証せず、法界《ほっかい》の衆生《しゅじょう》と同じく妙《みょう》覚《がく》に登り、法界の衆生と同じく妙味を服せん。

緊急時、世間の人たちは仏教に、僧侶に、なにを求めているのか――それをしっかりと感じ取り、受け止め、「我が事」としていくことが、「皆共成仏道《かいぐじょうぶつどう》」を目指す私たち僧侶にとって、「至急」の課題ではないでしょうか。

新寺建立は不要不急か

かくいう私も人のことなど言えません。偶然か必然か、私自身もこのコロナ禍において多額のローンに苦しみ、税金を納めるために生命保険を解約しました。だからこそ僧侶と世間の「温度差」をヒシヒシと感じたのです。少しタイミングが違えば、私ももれなく配慮に欠ける布教をして、一歩間違えば世間から「ミュート」されていた一人でした。そう考えると、今、私は本当にお金に困っていますが、それはそれで仏様から与えられた試練であり、僧侶として経験しておくべき忍辱《にんにく》の期間なのではないかと感じています。

なぜ私はそれほどまでにお金に困っているのかというと、実は今、新しいお寺を建立しているのです。

私は以前から、落語家としては「名人になること」、そして僧侶としては「一人でも多くの自死を防ぐこと」を目標としてきました。その二つの目標を実践していくためには、「お悩み相談もできて、落語も聞けるお寺を街中に作るしかない」、と考えてきたのです。思い立ったのは七年前。そこから、ひたすら貯金をしながら土地を探す日々でしたが、やっとそれが見つかったのは、二〇一九年夏のことでした。

師僧に相談し、比叡山に古くから伝わる「元三大師《がんざんだいし》さまのおみくじ」で「大吉」のお導きをいただいた私は、その秋、夫と息子と暮らす自宅を担保に入れてローンを組み、新寺建立のため動き始めました。土地と建物の費用は自身の預金とローンで賄い、本堂の仏壇仏具や内装費は「ご寄進」という形で募ることに決めました。滑り出しは好調でしたが、新寺建立プロジェクトがはじまった四ヵ月後、新型コロナウイルスが大きな顔をして不況を運んできたのです。

鳴りやまない公演キャンセルの電話、キャンセル代を踏み倒す業者、黙り込む寄進用の通帳。そして、追い打ちをかける心ない言葉の数々。

「新しくお寺を建てるとか、そんなことはどうでもいいから、空き寺をどうにかしなさい」

「こんなときにわざわざお寺を建てる必要、あります？」

私は、その想いも願いも背負っているものも知らない人たちから、人生の一大ミッションを「不要不急」と笑われるのでした。

それでも私は、新寺建立は決して「不要不急」などと思っていません。一日も早い開山を心待ちにしてくれる人が沢山いるからです。

住職か、無職か

新寺建立を応援してくださる方の中には「タイミングが悪かったね」と同情に近い声をかけてくださる方もありますが、私はパンデミック下での新寺建立となってしまったことを決して「タイミングが悪かった」とは思っていません。

確かに、この状況が続けば、私は「住職」になる前に「無職」になるでしょうし（そのときは笑ってやってください)、ローンが支払えなければ、自宅を無くし、すでに建立中の新寺も行き場を失ってしまいます。それでも、いち僧侶としてこの問題に立ち会ったとき、タイミングが悪いどころか、「まさに今だ」という確信しかありません。私は決して可哀そうなお坊さんではないのです。これは強がりではありません。伝教大師様の教えを実践し、「道心寺」と名付けたその寺が、本当の「道心寺」となるチャンスなのです。

「道心寺」というネーミングは、私が好きな伝教大師様の教え「道心の中に衣食《えじき》あり、衣食の中に道心なし」からいただいた寺号でした。

「道心」とは「悟りを求める志」を意味し、伝教大師様は、道心という志さえあれば、必要最低限の衣食住は自然と備わってくる、反対に、衣食住といった生活のために仏道を歩むのであれば、そこに道心はないと説かれたのです。

私にとってこの教えは、僧侶として生きるうえで最高の励ましと戒めでした。だからこそ、目の前が真っ暗になりそうな日々でも、この苦難を乗り越えた先にあるのが正真正銘の「道心寺」だと希望を持てるのです。

教えを体現して立ち上がるお寺は、きっと多くの人を励ましてくれるでしょう。だから、コロナ禍に巻き込まれるのではなく、その禍をお寺の歴史に巻き込むのです。

笑いも仏法も〝不朽〟です

露の団姫という芸名を授かり十六年。私が「桂」でもなく「林家」でもなく「笑福亭」でもない「露の」の門を叩いたのは、初代・露の五郎兵衛が落語の祖のひとりであり、日蓮宗の談義僧であったことがきっかけでした。露の五郎兵衛であった法名・露休なる僧侶は、なぜ、北野天満宮という地で説法を面白おかしく話し、そこにオチをつけ、民衆の注目を集めたのでしょうか。それは、衆生を導くために他なりません。

まさに、僧侶が「開眼」を施し、三百年以上の歴史が練り上げてきた落語は、自らが率先して不要不急の芸であることを笑いに変え、生き抜いてきました。それは、「不要不急」こそが、人間が人間らしく生きるために必要なものであることを軽妙に語っています。

これまで、それなりに忙しい毎日を送ってきた私は、先のスケジュールが真っ白になった当初、はじめて、落語家は「失業」はしても、自らの意志さえあれば、決して「廃業」はしないと知ることができました。そう思うと、私たちはなんとしぶとい生き物なのかと、その生業に笑わされたのです。

どれだけ不要不急と言われようと、落ち込んでいる場合ではありません。どんな言葉も丸く収めるのが私たちの生き方です。この先、寄席が、落語が、お寺が、そして、私がどうなるのか、分かりません。それでも、高座は待っています。

今日も「とんちんかんちん一休さん」の出囃子が鳴れば、私は軽快に出て行って、羽織とともに世間の風を脱ぎ捨てます。そして、「不急だなんてトンデモナイ！ 笑いも仏法も、どちらも『不朽』のものでしょう！」と、未来におあと交代してやるのです。

⑦

「必要緊急」の声をすくう

——松島靖朗

松島靖朗（まつしま・せいろう）
奈良県安養寺（浄土宗）住職。一九七五年奈良県生まれ。大学卒業後、企業にてインターネット関連事業、会社経営に従事。二〇一〇年、浄土宗総本山知恩院にて修行を終え僧侶となる。二〇一四年、全国のお寺の「おそなえもの」を「おさがり」として「おすそわけ」する「おてらおやつクラブ」をスタート。その代表理事をつとめる。その活動が認められ、浄土宗平和賞、中外日報涙骨賞、グッドデザイン大賞などを受賞。

目を覚ませ

二〇一〇年十二月二十五日、修行最終日。京都知恩院僧堂。

「コーン！コーン！コーン！コーン！コン！コン！コン！コン！コン！コン！ココココココ……！コーン！コーン！コーン！コーン！」

朝五時。版木《ばんぎ》を叩く音とともに「警覚偈《きょうかくげ》」が響き渡ります。

「敬白大衆　生死事大　無常迅速　各宜醒覚　慎勿放逸」

【敬《うや》まって大衆《だいしゅう》に白《もう》す。生死事大無常迅速　各《おのおの》宜《よろしく》醒覚すべし。慎んで放逸なることなかれ】

生死の問題は一大事である。ものごとは無常に、そして時は迅速に過ぎ去っていく。このことに目覚めて、けっして無為に過ごしてはいけない。

修行僧たちの目覚ましがわりに鳴らされる音色は、睡眠から覚めて新しい一日をはじめると同時に、苦しみの世界を生まれ変わり死に変わりをくりかえす輪廻から解脱する仏陀としての目覚めを求めよ！　と奮い立たせてくれるものでもあります。

今日は無事に目が覚めたとしても、明日の朝には、いや今日の夜には命を終えているかもしれない。だからこそ、目が覚めたならば、今日という一日を無駄に過ごすことのないように気を引き締めなさい。なんとも気合のはいるメッセージです。

なにが「不要不急」でしょう？　生死を離れ、悟りを目指すという一大事に集中すること以外はすべて不要不急なのです。修行道場で叩き込まれたことを思い出してみれば、自ずとその答えは思い浮かんできます。

しかし、そんなこと、日常生活に於いて一ミリたりとも考えないのがお互いです。道場生活を終えて十年が経ちました。「不要不急」にとらわれ、必要緊急である人生の一大事に向き合うことは本当に難しいことです。

加速する分断

二〇二〇年。コロナ禍。私は人生最大の誤算と向き合わなければなりませんでした。

さかのぼって一九九〇年。十五歳の私はお寺生まれがこじれて宗門高校を中退し、翌年の高校再受験にむけて予備校生活を送っていました。そこで個別指導してもらっていた長谷川先生とこんな会話をしました。

「松島くん、どうしたら世界は平和になるとおもう？」

「そうですね、宇宙人が攻めてきたら、地球の人たちはみんな協力して平和になるんとちゃいますか」

うろ覚えですが、とにかく人類共通の敵が現れたら、みんなで力を合わせて協力し合う世界、平和な世界がやってくる。そんなふうに考えていました。一方で世界には様々な課題があるけれども、人類共通の課題なんてのはそうそうやってこないとも思っていました。お寺生まれに悩んでいることを誰もわかってくれない。みんなが同じ課題を理解するなんてできっこない。それができるんだったら自分はこんなに苦しい思いをするわけがない。

そして、二〇二〇年一月。奈良県で国内初の武漢渡航歴のない新型コロナウイルス感染者の報道。三月には志村けんさんも逝ってしまいました。どこか遠くの世界で起こっている他人事だった脅威が迫り、今なお世界は目に見えない共通の敵と戦い続けています。

そしてどうでしょう。みんなで力を合わせて協力し合う世界はやってきたのでしょうか。

コロナ禍の中、なにが「不要不急」か。それぞれの「正しさ」がぶつかりあっています。感染拡大状況を表す波の動きの予測、どのマスクが効果的か、オリンピックの開催をどうするか、ワクチン接種はどうなるか……。だれもが評論家になり、「正しさ」を主張し合います。どうして「こちら」の正しさがわからないのか？ 正しさがぶつかり合い、傷つけあい、みんなが力を合わせるどころか、分断は加速するばかりです。なにか息苦しい。息苦しさはマスクのせいだけではありません。みんなで力を合わせて強くなるというよりは、いろいろな弱さが浮き彫りになっています。

コロナ禍であぶりだされた「弱さ」。自然界における人間の弱さ。社会的、経済的な構造上の弱さ。他者との関係や人間の内面の弱さ。

ああ、世界平和って遠いなぁ。

仏事は不要不急なのか

一九一八年（大正七年）から一九一九年（大正八年）までの約二年間、新型ウイルスによるパンデミック（感染症の世界的な大流行）が起こりました。当時の世界人口の三割に当たる五億人が感染、そのうち二〇〇〇万人～四五〇〇万人が死亡したのがスペイン風邪でした。お寺の過去帳をみても、この時期にお亡くなりになられた方の霊名が他の年に比べると多く記されています。ご法事でいうなら百回忌、それほどの昔の出来事ですが、こうして今般の状況を拝察するに疫病との闘いは人類の歴史でもあることを感じます。

お寺のなかでも不要不急がせめぎ合いました。とかくお寺の年中行事は、年配の方が集まり、ともに食事をし、肩を寄せ合い法話を聞き、声に出して念仏を唱える三密空間です。

いままでどおりのやり方はかなわず、試行錯誤の繰り返しでした。法務が縮小していく一方で、これまでご縁がなかった方からの仏事相談も増えました。菩提寺《ぼだいじ》（その家のご先祖様を供養するお寺）があったけれども事情があってお願いできない、あちこち相談したけどお寺づきあいを理由に断わられ、駆け込まれたといったケースもありました。

お墓参りは屋外、密になりにくいということもあり、たくさんの方のお参りがありました。目に見えないものに怯え、目に見えないものに向かって祈る姿に人間にとって宗教的行為が必要なことを感じました。

経済学者・思想家のジャック・アタリ氏はテレビ番組で「パンデミックという深刻な危機に直面した今こそ、他者のために生きるという人間の本質に立ち返らねばならない」と指摘し、視聴者に対して「利他主義」への転換を呼び掛けました。

お坊さんからしたら、仏教用語の登場に「我が意を得たり」のありがたい呼びかけです。仏教において利他とは、他者を利すること、他者に利益《りやく》をもたらすことであり、わかりやすく言えば、他者を幸せにするということ。自利という言葉と合わせて、自利利他と使うことがあり、他者の幸せが自分にとっての幸せである、縁ある人々に幸せをもたらすことが私たちお坊さんの役割なのです。しかし、知の巨人が説く「利他主義」から「そうだお寺があったか！」「仏教があったか！」とお釈迦さまの教えを想起された一般人はどれだけおられたことでしょう。

お寺の運営に関する危機感も話題に上がりました。人が移動し、集まって法要をすることができなくなり、お布施収入が少なくなり、今後の運営が厳しくなっている。ただでさえ寺院消滅の時代なのに……。そんなお寺に対しても事業継続のための給付金支給が必要なのではないかという議論もありました。もちろん、公的資金が宗教法人への支給対象になることはありません。

コロナ禍でなくともお寺の運営は厳しいものがあり、十年先に起こるであろうと言われてきた危機的な状況がコロナで一気にやってきたという声もあります。でもそうではないでしょう。

自分たちは大丈夫だと足元を見ず、時代や社会、人々の思いから目を背けた結果でしょう。まさにお寺が「不要不急」に取り組んできた結果、訪れた危機であると感じています。

いやはや、正論が過ぎましたね……。お坊さんもふくめて、迷い続けるのが私たち人間の姿です。不要不急をやめる、なにが不要不急かであらそうのをやめることは煩悩を断ち切らない限り難しいことです。

そうであるならば、せめて戒を授かった仏弟子として、戒を守ろう、煩悩をすこしでも手放そうとする態度が必要なのではないでしょうか。何が不要不急かは結局人それぞれ。唯一言えることは人は必ず死ぬということです。せめてそのことを忘れないようにしなければなりません。

「おてらおやつクラブ」の困窮者支援

私が代表を務める「おてらおやつクラブ」は、お寺にお供えされるさまざまな「おそなえ」を、仏さまからの「おさがり」として頂戴し、子どもをサポートする支援団体の協力の下、経済的に困難な状況にあるご家庭へ「おすそわけ」する活動です。活動趣旨に賛同する全国のお寺と、子どもやひとり親家庭などを支援する各地域の団体をつなげ、お菓子や果物、食品や日用品をお届けしています。「おそなえ・おさがり・おすそわけ」の活動は、「既存の組織・人・もの・習慣をつなぎ直すだけで機能する仕組みの美しさ」が評価され、二〇一八年度グッドデザイン大賞（内閣総理大臣賞）を受賞しました。

「おてらおやつクラブ」は、子どもの貧困問題の解決をめざしています。

「子ども」に焦点を当てるのは、言うまでもなく最も助けを必要とする存在であり、そして将来の社会の担い手であるためです。「貧困」の「貧」は、経済的な支援が必要なこと。「困」とは、困りごとがあることです。

「貧」の解決のためには、生活保護や貸付、奨学金などさまざまな制度があります。もう一方の「困」の解決に向けて、「おてらおやつクラブ」が重要な役割を担います。困りごとは誰にでもあります。しかし、家庭が孤立し周囲に相談することができないと、解決に向けての糸口すらつかむことができません。最悪の場合、大阪で起こった母子餓死事件（二〇一三年）のような悲劇が起きてしまいます。

ひとり親家庭に対する世間からの強い自己責任論もあり、周囲に「助けて」と言えない状況にあるお母さんたちからの声が日々届きます。「おてらおやつクラブ」とのご縁をきっかけに、支援団体とつながり、悩みを相談できる関係を作っていただく。その積み重ねが、子どもの貧困問題の解決につながると信じています。

「必要緊急」の現場で

コロナ禍において、地域の支援とつながることができない孤立した全国のお母さんたちからの「助けて」の声が急増しました。二〇二〇年三月末には三五〇世帯とつながりがありましたが、二〇二一年三月末には一六〇〇世帯へとその数は膨らんでいます。

以下、「おてらおやつクラブ」に寄せられた声をいくつか抜粋します。

「コロナの関係もあり、勤務時間も減って、収入も減ってしまいました。勤務が減少しても手当等はいただけないし、目標をもち部活に頑張っている息子にはバイトをお願いすることもできません。大学へ進学したいと考えているようですが気を遣っているのか私には打ち明けてくれず、親として情けなくなります」

「今回ご支援して頂き、困窮している人に寄り添ってくださるおてらおやつクラブさんとも繋がることができて感謝しています。娘は現在自主休校で学校に通えませんので給食が食べられず食費が増え、また一日中家にいる事により水道光熱費もとても増えたので、新型コロナウイルスが終息するまでは苦しい状況は変わらないと思います」

「コロナ禍でのマスク、消毒液購入は今までにない出費が嵩むばかり。今年一番上の子が中学に上がるので制服代もない状況です。食費も無く、ご飯足りないお腹すいたと言われる毎日です。以前支援をいただいてからしばらくはと、思っていたのですが、もう限界と思って支援の申し込みさせてもらいました」

「精神的な疲れが今は家族全員の共通したストレスになっています。コロナも落ち着きそうもなく、これからまた学校に通えなくなった時など、食費や光熱費に困るので、不安です。寒い地方なので光熱費がかさみます。早く終息して……前のような自由にのびのびと遊ばせてあげられる社会に戻ってほしいものです」

「コロナの関係で仕事が無くなったりすることがあり、収入が激変です。子どもの通う保育園の関係者でコロナウイルスの方がでて、子どもも私も濃厚接触者ではないのですが、それでも会社は念のため休んでとなったりします。他にもパート先をかけもちしていますが、仕事が急に休みになったりするので困っています。安定した仕事場を探すにも子ども達との生活、時間も考えなくてはならず……と言った感じです」

急増する「助けて」の声、信号機で言えばこれまで黄色信号でギリギリの生活をしていたひとり親世帯が、コロナ禍で一気に赤信号になってしまったような状況です。「おてらおやつクラブ」ではこのような世帯に対して、即日で「おすそわけ」を届け、孤立しないための支援を展開しています。活動の現場に届く声にふれ、皮肉にも見えにくい貧困問題が顕在化し、そして「不要不急」のなかに見えにくくなっていた必要緊急なものが浮かび上がってきました。

お坊さんはエッセンシャルワーカーか？

社会問題解決のための社会福祉の仕組みに自助・共助・公助からなる「三助」というものがあります。「自助」とは、自分の身を自分の努力によって守ること。「共助」とは、身近な人たちがお互いに助け合うこと。「公助」とは、国や県などの行政機関による救助・援助のことです。

しかし、ひとり親のお母さんたちにとっては家族の支えが弱く、「自助」自体が難しい。自分がひとり親であることを打ち明けられない、またレッテルを張られるのが嫌だというスティグマ（不名誉のしるし）の問題もあります。そのような状態では「共助」も望めません。生活保護を受けることの難しさ、恥ずかしさから手続きに行けない、また窓口に知り合いがいて申請しづらい、などの場合は「公助」が難しくなってきます。そもそもそういった情報が届いていない、知っている人、申請できる人しか利用できないという制度上の問題もあります。

どんな制度や助成についても条件を満たすことができず、取り残されてしまう状況が少なくありません。そこで私たち「おてらおやつクラブ」は、「仏助」を掲げて対応していくことにしました。「仏助」とは、仏さまが私たちを見捨てず救ってくださるように、私たちも「三助」から漏れ落ちる人たちの受け皿となり、見守りながら「三助」に戻していくことです。

「おてらおやつクラブ」が「助けて」の声を受けた時に大切にしていることは、相談してくださった方を、「伴走して見守る」ということです。離れていて顔が見えなくても近くにいるように寄り添い、いつでも相談窓口として門戸を開いておく。顔が見える支援は関係性が築きやすい反面、本音を言いづらいことがあると話してくれた人がいます。

私たちが実践しているメールを主とした直接支援は、顔が見えない分、お母さんたちが何でも打ち明けやすい利点があると思っています。はじめは「おすそわけ希望」と一言だけのメールだったのが、連絡がまめになり、回を重ねるごとにいろいろなことを話してくれるようになったり、家族と楽しむ様子や子どもたちの先々を思いやる前向きな内容を伝えてくれたりすることも増えました。

「おてらおやつクラブ」はいつでも日々の苦しみや相談を受け、お母さんたちが今伝えたいことに耳を傾けます。またそれだけでなく、前向きになってくれた気持ちをもっと後押しできるように誕生日カードをお送りしたり、季節のイベントのおやつを発送したりすることもあります。メールのやりとりを積み重ねていくことで、お母さんたちの心と事務局の心がつながるよう取り組んでいるのです。

今現在、「おてらおやつクラブ」では約一八四〇世帯の家庭に定期的に「おすそわけ」を届けています。お母さんが社会から孤立をしないように、仏さまの御心のごとく、

「仏助」をもって寄り添い見守っていく。目には見えなくとも大きな支えとなり、既存のセーフティネットからこぼれ落ちる人々を救いとる新しい支援ネットワークになっていくことを「おてらおやつクラブ」は目指しています。

東京大学先端科学技術研究センター准教授の熊谷晋一郎先生は、「自立とは依存先を増やすこと」とおっしゃっています。自助が弱い世帯に対して、公助や共助が間に合っていない現状です。申請しなければ受けられない支援制度につながるのは難しいことです。また苦しい状況でも自己責任を押し付ける社会の声、顔が見えすぎる関係の中で助けを求めることの難しさ。セーフティネットからこぼれ落ちる人たちの依存先の一つとしてお寺にできることはたくさんあります。最後の砦として命に関わるお坊さんは、エッセンシャルワーカーなのです。

ともに生きる仏教

全国から届く「助けて」の声の一方で、全国から「助けたい」の声も寄せられています。

以下、いくつかその声をご紹介します。

「ＳＮＳで情報を知り少しばかりですが送らせていただきます。私も母子家庭でしたし、東日本大震災では、知らない方々にたくさん助けていただきました」

「初めまして。ヨガの指導をしていますが、今回は自粛解除されてもレッスン教室もずい分減ってしまっています。そんな中でも自分が誰かの役に立つことが少しでも出来る、この機会に感謝致します。必要なところに届きますように願いを込めて」

「コロナウイルスにより大変な事態になりました。何かできる事はないかと思案していた所、以前ＴＶで紹介されていた事を思い出し少しでもお役に立てればと寄贈させて頂く事にしました。我が家は父母と夫、私、子供三人で暮らしています。私が仕事が忙しいので母が孫によくお菓子を買ってくれてまして、食べきれないのでおすそわけです。共に頑張りましょう‼　今後も支援させて頂きます」

「御勤めご苦労様です。食品をお送りしますので、仏様へのお供えよろしくお願い致します。信仰が実際にどなたかの助けになるのが分かる、良い活動だと思います。ありがたい」

「いつもありがとうございます。少しばかりですが、お米とお菓子をお送りしますので、仏様へのお供えとお子さんのいるご家庭への配送をよろしくお願い致します。生きとし生けるものが幸せでありますように」

「この度は、寄贈させていただき、ありがとうございます。私事ですが、先日、娘が心臓の手術をし、無事に退院しました。今後も手術の計画はあるのですが、まずは一度目が無事に終わったこと、嬉しく思っております。お礼として、お供えさせていただきたく、今回お菓子を送らせていただきました。他は、家で余っていたものですが、どなたかのお役に立てば嬉しいです。このような場を作っていただき、本当にありがとうございました。皆様が少しでも楽しいクリスマスと年末年始を過ごされる一助になれば幸いです」

「実は昨年から私自身が持病の線維筋痛症で本当にキツく、苦しく、追いつめられてしまい、このような人間が誰かの手助けなどおこがましいのでは？　と思いつめてしまいました。まだ答えは出せておりませんが、取り急ぎ沢山お菓子を集めて参りましたので、せめて誰かの役に立てばとお送りさせて頂きます」

「少しですが、必要とされている方のお力になれますよう寄贈させていただきます。トーマスのティッシュや、トミカのおもちゃは乗り物が好きな四才の息子にといただいた中で、同じものが重なったので同封いたします。同じように乗り物好きなお子さんに届けていただけると幸いです」

「十年前に夫を亡くし、娘と二人だけで生活してきました。今は安定していますが、収入が少なくて不安で眠れなかった日もあります。何とか娘にひもじい思いをさせない様にと頑張ってきました。全国の子供達や親御さんが少しでも明るい気持ちになって頂けたらと思います。私たちでできる事があれば少しずつ協力していきたいと思っています。どうぞ宜しくお願い致します」

「お世話になっています。新学期に向けてこの季節は家族や知人からの依頼で学校や園生活に入用なあれこれを縫います。多分にたくさんのご家庭がそうなのだろうなと思いますので余分に作りました。おてらおやつクラブさまにつながる小さいみなさんに使っていただけるようならさいわい……どうぞよろしくお取り計らい下さい。荷造りしましたら隙間ができてしまいましたのでメールでお伝えしている以外の食品を詰めています。ごめんなさい」

「お米、食品、布マスクを送らせていただきます。少しでもお役に立ちましたら幸いです。私自身もシングルマザーの元で育ちまして何かできたらという気持ちを持ちながらも中々実現できずにおりました。本当に感謝しております。暑くなって参りましたので、お身体どうかお大事になさって下さい。今後ともどうぞよろしくお願い致します」

「仕送りの食品が多すぎて食べきれないのでむしろこうして寄贈できることで助かります」


コロナ禍で、支援者から多数寄せられる「支援させてくれてありがとう」の声。少し不思議な言葉ですが、自分にも思い当たる節があります。十年前の東日本大震災、遠く離れた場所で起こる出来事に、奈良から離れることができない自分は、何もできないことが悔しくてたまりませんでした。当時のことを思い出すと、なにかできることが嬉しいという感覚はよく分かります。しかし、その一方で妻にたしなめられたこともありました。あなたが今行ってもできることは殆どない。それより同じく不安でいる家族や檀家さんの近くにいてください。

「おてらおやつクラブ」は、人々の利他心の受け皿でもあり、支援物資を通じて、支援を受ける家庭も利他心に触れる経験をすることになります。沢山の人々の思い、「助けたい」を届けてほしい、活動を続けてほしい、このような社会の要請に自分たち自身が担うべき、必要緊急の役割に気がつくことができました。

仏教学者の佐々木閑さんは著書『出家とはなにか』（大蔵出版）の中で「出家集団は社会と切り離しては成立しない。社会に支えられ、社会に依存し、そのことで戒律システムを維持しながら、聖として存在していた」とおっしゃっています。これが現代社会においても同じ関係であるべきでしょう。お坊さんは世間に支えられながらでないと存在できない、修行を続けられないのです。だからこそ社会の要請にお坊さんは応えていかなければならないのだと思います。

「助けて」と言える社会をめざして

なぜ「おやつ」の活動をやっているのか？　折りに触れ聞かれるのですが、端的に言えば「おそなえ・おさがり・おすそわけ」というお寺の習慣があるからです。お寺に生まれて四十五年。僧侶になって十年。お寺の習慣のなかで受けてきた贈与経験が大きいです。人は突然贈与・「おすそわけ」をはじめるのではありません。そこにはかならず「贈与以前の贈与」、プレヒストリーが存在します。

自分自身、このプレヒストリー、つまり「あなたはお仏飯で育てられたのだから、将来はお坊さんになって、住職になって恩返ししなければならない」との思いに苦しめられました。四十五年生きてきて、「おてらおやつクラブ」の活動を通じて、ようやく受けた御恩をお返ししなければならないと思えるようになりました。先代住職である祖父や、その跡継ぎとして僕がお寺に帰ってくることを待ってくれていた檀家のおじいちゃん・おばあちゃんたちはもうこの世にはおられません。受けた御恩は、僕がそうだったように、未来の子どもたちへ恩送りすることが、僕にとっての恩返しなのかもしれません。

地域で母子世帯を支援している団体の方が、「おてらおやつクラブ」の活動の不思議さを「遠くの親戚と近くの他人」という例えで話してくれました。自分たちも地域で支援が必要な世帯を探しているが、なかなか難しい。「おてらおやつクラブ」に全国のお母さんたちから「助けて」の声が届くということは、まさに「近くの他人」になれているということなのではないでしょうか。

奈良県にあるのにどうして〝近い〟のか？　それはインターネットの技術の恩恵と、お坊さんなら悩みを打ち明けられそう、話を聞いてくれそう、という不思議な存在であるからかもしれません。遠くの親戚を自助、近くの他人を共助・公助と見立てることができるでしょうか。

「近くの他人」として「おてらおやつクラブ」があり、インターネットを利用した顔の見えない関係で近くに感じてもらい、相談者がなにか借りを返すことも期待されない関係性のなかで「助けて」の声を受け取ってもらえる場所があること。「見返りを求めない窓口」であることがお寺という空間の存在なのかもしれません。お寺とつながったその先に、地域のリソースにつながっていける道があるとすれば、「助けて」の入り口として重要な役割を果たすことができるのではないでしょうか。

「おてらおやつクラブ」は、お寺の「ある」と社会の「ない」をつなぐことで社会課題を解決しようという活動です。お寺にあって社会にない食の支援を「おそなえ・おさがり・おすそわけ」の活動を通じておこなっています。お寺にあって社会にないものは食べ物だけではありません。「子どもの貧困・困窮者支援」から「共助社会の創出」へ寄せられる「助けて」と「助けたい」をつなげることで、助け合う社会を作っていくのが私たちの活動が目指すところなのです。

コロナ禍の中で、こんなときだからこそお寺の出番だ、とお寺でも新しい取り組みがたくさん発信されました。でも違和感を覚える取り組みも多くありました。自利発想でお寺の経済的な困難を克服するための取り組みが見え隠れする「ピンチをチャンスに」のアクションは不要不急です。

「ピンチをチャンスに」できない、ピンチで孤立する人たちのために、利他発想で救いに行く菩薩道、要・急の求道者でありたい。それこそがお寺が、僧侶が、お釈迦さまの教え、仏法を実践していくという必要緊急の役割なのです。

長谷川先生。人類共通の敵がでてきたとき、みんなが力を合わせて世界平和が訪れるというアイデアは残念ながらハズレてしまいましたが、あれから三十年経って、あれだけ逃げていたお寺にその答えがありました。

自《じ》未《み》得《とく》度《ど》先《せん》度《ど》他《た》　おのれいまだわたらざる　さきにたをわたさん

南無阿弥陀佛

⑧

「不要不急」のマンダラ

——白川密成

白川密成（しらかわ・みっせい）
愛媛県栄福寺（真言宗）住職。一九七七年愛媛県生まれ。高校を卒業後、高野山大学文学部密教学科に入学。二〇〇一年より現職。「ほぼ日刊イトイ新聞」で、「坊さん。」を二百三十一回にわたって連載。二〇一〇年に刊行したデビュー作『ボクは坊さん。』（ミシマ社）は、二〇一五年に映画化。他の著書に『坊さん、父になる。』『坊さん、ぼーっとする。』（以上、ミシマ社）、『空海さんに聞いてみよう。』（徳間文庫カレッジ）などがある。

まともにみえる意見には思わぬ隙がある

想像だにしなかった世界がひろがった。一歩家から外に出ると、マスクをしていない人と出会うことは困難であるし、一時期には子供達は学校に行くことができず、会社員は出社することもままならない。世界のニュースでは、大量の死者を埋葬するための巨大な穴が掘られる様子が報道され、死者を丁重に供養することさえできない。この日本でも死を前にした入院患者に会うことができずにいる。

もちろんコロナ・ウイルスの影響によるものだ。しかしこれは、本当に異常な世界なのだろうか。ふとした時間に自分に問いかけることがある。私たちはこの自然世界を「コントロール可能」だと、どこかで高をくくっていなかったか。あるいは、支配下においていると無意識に慢心していたのではないか。しかし私は、ここで威勢よくその人間の支配欲を否定できない。今、エアコンをつけた快適な部屋でノートパソコンを打っている自分もまた、その恩恵を大いに受けとっている。そのうえで、これからの私たちのことを考えてみたい。できないこともある。でも、できることもあるはずだ。

私が住職を務める栄福寺は、愛媛県の今治《いまばり》市にある四国八十八ヶ所、四国遍路の寺のひとつだ。白装束を身につけた「お遍路さん」が年間何万人も訪れ、近年では海外からのバックパッカーも多く、各国の袈裟をつけた僧侶も来られる。

「嫁に来て以来、戦争の時もお遍路さんの来なかった日は一日もなかった」

長く寺を守ってきた祖母からいつも聞かされた言葉だ。

その話を聞いて以来、住職としての自分の役割は、「毎日お寺を開けていること」だと思ってきた。しかし緊急事態宣言の中で、短い期間ではあるもののお遍路さんの持った帳面（納経帳）に寺の本尊名を筆で書く納経所を閉鎖する事態となった。巡礼に訪れる人々は目に見えて減り、四国遍路というものが「移動する宗教行為」であることをあらためて知った。つまり、お遍路もコロナの影響をたっぷり受けたということだ。

「なにをやめて、なにをやるのか」。その判断をあらゆる組織や行政、個人、家族が決めなければならない状況がやってきた。そこで呪文のように唱えられたのが、「不要不急」という言葉だ。「今、必要でないことは、やらないでください」。一見、至極まともな意見であるが、だからこそ、立ち止まって考える必要がある。いかにもまともそうな考えにこそ、思わぬ隙があるのが人間の常であり、この「不要不急」も例外ではないだろう。

　しかし、いざ自分がお寺という小さな組織を率いて感染拡大を避ける努力をする時には、自分自身もこの「不要不急」というものさしで判断せざるを得ない。新たにオンライン法話会などにも取り組みながらも、お葬式や氏神様を地域で祈る祈禱、除夜の鐘など多くのお寺にまつわる日常的な慣習、行事を縮小することになった。規模を調整しながら今後もそれは続くだろうし、医療の手薄い地方のゆえ、そういった判断に後悔はない。

　どうやらコロナとの付き合いは、長期戦になりそうだ。仮にコロナが終息したとしても、他のウイルスがまた発生する可能性があるだろうし、巨大地震や原発事故でもない「何か」が、また忽然と私たちの目の前に現れるだろう。このあたりで、少し腰を落ち着けて自分が修行している密教の教えや弘法大師《こうぼうだいし》（空海）の思想をヒントに「不要不急」について、考えてみたい。

　なかなか「これで解決」のような歯切れのいい解答はないし、空海が「不要不急」について文書を残しているわけでもない。しかし、そこには今、私たちが取り込まれている現代の考えとは違った肌ざわりがあるはずだ。

多元的な曼荼羅のヒント

まずは「曼荼羅《まんだら》」から話を進めよう。曼荼羅は、真言密教を日本で大成させた空海が、中国から日本にいくつか持ち帰っている。読者の中にも真言宗のお寺を訪れた際に、本堂の両脇に掲げられた、極彩色で円や四角などの図形を用いたエネルギーに満ちた図像を目にした方もおられると思う。これは無数の仏を描いた画というよりも、密教がその独自の視点で描いた世界や宇宙そのものといったほうが、しっくりくる。静かなモノトーンの印象も強い日本仏教の中で、色に満ちて爆発しているかのような曼荼羅は、密教そのものを強く具現化している。そこには色だけでなく音や動きなど生命の躍動がある。

空海によって日本に伝えられた真言密教の曼荼羅は、空海自身が長安で灌頂《かんじょう》の儀式を受けた金剛界《こんごうかい》曼荼羅と胎蔵《たいぞう》曼荼羅のふたつ（両部《りょうぶ》）が代表的な存在である。インドにおいては地域も時代も異なったルーツを持つ二種の曼荼羅が、同時に奉じられているのが特徴だ。この金剛界の世界と胎蔵の世界とが「同時進行」になっていることが、伝統的にも強く重んじられる。密教の様々な儀式や伽藍《がらん》においても両者が混じりあい融けあっていることを象徴的に表現しているものが多く、これを日本密教の流れの中で「金胎不《こんたいふ》

「に」と呼んだ。金剛界と胎蔵のひとつだけを重んじるのではなく、金胎両部ふたつを共に立て融合することにその神髄があるのだ。

金剛界曼荼羅をみてみると、中央に座した大日《だいにち》如来を様々な性格を持った四つの仏が取り囲んでいる。その周りに配されるのは新しい灌頂名《かんじょうみょう》を与えられた密教独自の仏菩薩で、いわば密教の選抜チームだ。それとはある意味で対極的な性格を持つのが胎蔵曼荼羅で、大乗仏教の仏や菩薩が並ぶ。「最外院《さいげいん》」と呼ばれるもっとも外側には、古代インドの神々やヒンドゥー教の神々、精霊、鬼神にいたるまで、「ありとあらゆる」ものが、描き込まれている。つまり今までの宗教のあらゆるものを否定せず、それらを取り込み、大いに活かしているのだ。

この胎蔵曼荼羅の構造からは、既存の仏教が取り入れることを好まなかった民間信仰や習俗、神秘性、人間が本質的に持つ性や欲、怒りという感情までもを密教が大胆に摂取し、覚りに至るための力点のひとつとして用いようとしたことがうかがえる。

「不要不急」という難題に対峙するヒントを、この胎蔵曼荼羅に見出したい。自分達にとっての「異物」や「すぐに必要ではないもの」を取り入れ、かつ対照的な性格を含む金剛界とも共生しているなど現代において示唆が多い。多元的に宇宙を描く曼荼羅に、

「不要不急」という難題を解く鍵があるのではないか。

なぜ曼荼羅が一見まさに「不要不急」なものを内部に組み入れたのか。それは人間の生存本能であろうと私は思う。あらゆる存在は、不要不急の「雑」なるものをハイブリッドに取り入れなければ、本当の意味で「生きる」ことができない。密教はそれを行による直感と民衆の生活経験により知っていた。修行者が研ぎ澄まされた身心で世界を眺め、それをできる限り正確に描写しようとすると、世界はいろいろなものが混じり合ってできていることが見えたのだろう。

こうした密教の智慧から学ぶことも多いのではないだろうか。「コロナの時間」が長く続き、コロナそのものだけでなく、それを取り巻く社会の雰囲気にスッキリしない、そのような感覚を抱えている人が多いようだ。私も言葉にできない違和感、座りの悪さを抱え続けている。そのひとつが、この「不要不急の取り扱い」にある。

もちろん「感染を気にせず、マスクもはずして時には大騒ぎしよう。それが人間だ」などと言いたいのではない。一見役には立たない、そしてすぐには必要のないものを安易に切り捨ててしまうのではなく、曼荼羅のように包摂していくことで、生活は自ずから変化をみせるだろう。少なくともその挑戦はあってもいい。

人によって、また置かれた状況によって違うのは当然だが、様々な音楽や文学、芸術、笑いなどのカルチャー、学び、野山や海岸を歩く小さな自然との触れあい、久しぶりのキャッチボール。可能な形での人との交流。手前味噌と言われるだろうが、様々な思想や瞑想、習俗に彩られた宗教文化にもそれが豊潤にある。

しかしここで注意しなければならないことは、あることを大切にしようとすると、その対極にあるものを否定しようとする人間の習性だ。例えば、大切な「不要不急」のものを人生に取り入れようとする時、人々は「不要不急」という概念自体を糾弾しようとする。それを不毛だとするのが、仏教的であり、空海的な立場だと私は考える。なぜ空海が金剛界に偏らず、胎蔵の世界観のみに埋没しない「金胎両部」の道を進めたか、そのトータルな動きを視野に置かなければならない。

道と衣食

「去去《ここ》として原初に入る」という空海の著作『般若心経秘鍵《はんにゃしんぎょうひけん》』にある言葉が好きだ。密教の探究は、一歩一歩前を向いて進むというよりも、深秘《じんぴ》な原初の世界に潜ってゆく。そこでは我も、すべての生命も、仏も分け隔てがない。

しかし時には、現実に浮上する力も必要だ。空海は、庶民の子弟に開かれた綜芸種智院《しゅげいしゅちいん》という学校を京都に開き、その式（規則）を述べた文章の中で、「処（場所）、法（教え）、師、資の四縁が必要だ」と述べ、「道を学ぶことは当《まさ》に衣食の資《たすけ》に在るべし」（道を学ぶためには衣食も必要である）と書いている。〝道〟という理想と〝衣食〟という究極の現実のどちらかを大切にするのではなく、双方を包摂することの重要性を説いた言葉だ。

空海の人生の概略を大まかに見ても、興味深い流れがある。静かな自然に包まれた時代と、大きな都市での時代が交互に訪れているのだ。

自然豊かな四国で幼少期を過ごした空海は、当時の大学に入学するため京都という「都市」に入る。仏道を志し大学を辞してから遣唐使となるまでの期間は、四国などの山野や荒波が打ちつける海辺を駆け巡り、その中で修行に明け暮れたといわれる。そして遣唐使として世界的な大都市である唐の都、長安を訪れると青龍寺の恵果和尚から密教を受法した。そして日本に戻った空海は、京都を中心にして様々な寺を整備し、社会的、公的な行動もみせながらもそのまま都市に留まることなく、その後、高野山という山深い場所に、静かな瞑想の場を築く。

ここに提示された人生の曲線は、まさに金剛界曼荼羅と胎蔵曼荼羅の両輪を行ったり来たりするような多元的な生き方であり、本来日本人はそういった生き方が得意なような気がしている。

「自受法楽」という智慧

簡単ではない時代を生きる中で、さらにシンプルなことを提示したい。これも密教の教えを胸に置きながら、自分自身が心がけていることである。

歴史的な実在の人物である釈尊が説いた真理は、（真理なのだから）釈尊の生まれる前も、釈尊の亡くなった後もあるという仏典からみられる思想がある。後の仏教思想の展開の中で、実存の釈尊を「色身《しきしん》」や「応身《おうじん》」として、釈尊誕生以前や死後もある「真理そのもの」も仏の身体であるという価値観のもと、その〝身体〟のことを「法身《ほっしん》」と呼んだ。釈尊は生身の人間であるから説法をするが、法身は真理であるから説法をすることがない、というのが大乗仏教の一般的な考え方であった。しかし密教では、その法身が説法をするという「法身説法《ほっしんせっぽう》」という思想を展開させた。空海は、自分の伝えた密教と既存の仏教にどのような違いがあるかを述べた著作である『弁顕密二教論《べんけんみつにきょうろん》』の中で、密教の大きな特徴のひとつとして、この「法身説法」を説いている。

ここで紹介したいのは、「一体なぜ法身は説法するのだろうか?」という率直な疑問に対応して、日本の密教で生まれた「自受法楽《じじゅほうらく》」という概念である。法身は「自らの楽しみのために」法を説いている、と考えられているのだ。

私は、皮膚感覚としてこの「自受法楽」という言葉が好きだ。大義名分でも善悪でも論理性でもなく、「真理がただ楽しいから」とはっはっはっと笑うようなその雰囲気は、とても密教らしい。私達、真言宗の僧侶がもっとも唱える機会の多い経典である『理趣《りしゅ》経《きょう》』では、様々な場面で菩薩が微笑みを浮かべる。例えば「欲《ねが》うが為の故に、熙怡微笑《きいみしょう》して」(願うから、楽しく喜び微笑みをうかべて)というような場面だ。これは経典の本筋とは一見、関連が薄い。しかしこの「自受法楽」という概念が密教から生まれたことを、私はこの微笑する菩薩から思い出してしまう。

今、苦境に陥っている人々は多く、活路を見出せないで苦悩を抱える人も多い。そのような中で無理に笑う必要もない。しかし、なんとか体勢を整えて自分が思わず笑っているような場面を少しでも作り出そうとすること。それが他者にとっても社会にとっても、大きな行為であると私は思っているし、「不要不急」のみの〝信仰〟に対抗するための大事な動きであると感じている。私達は、もっと「大いなる楽しみのために」ということを堂々とそして切実に念頭において、人生を生きることがあってもいい。それはコロナ以前から社会が抱えていたことであったのだ。その「大いなる楽しみ」は、私達が普通にイメージする「楽しみ」とは、少し方向性が違うことを発見することもあるだろう。

空海と密教における自然

二〇一九年から二〇二一年にかけて、私は念願の歩き遍路約千二百キロの道を巡拝した。数日歩いては、自分の住む寺に戻り、時期をみてまた続きをお参りする「区切り打ち」と呼ばれる方法をとった。後半は感染拡大の影響を受け数ヶ月休んでいたが、感染者数が減少した時期をみて最後まで歩くことができた。

寺や祠での祈りに加えて、毎日くたくたになるまで山や海辺を歩き、小さな街で宿を見つけ、食事では地元の食材を食べる。この四国では巡拝者に食べ物や現金を布施する「お接待」という文化が残っており、私もそれを何度も経験した。

その遍路での日々は思いのほか、豊かな経験だった。荒ぶる室戸岬や野山で見あげた広い空、老人に「お遍路さん、ちょっと待って」と呼び止められて、ポケット一杯の小銭を渡された時の独特の感慨が今も手の平に残っている。めまいが突然起こり、ふらふらと歩く交差点の真ん中で五百円玉を渡されたこともあった。自分の住む寺でお迎えするお遍路さんから「私を誰かも知らないのに、見返りを求めることのないお接待に言葉を失った」という話を聞くことは多かったが、その話を実感として感じることになった。

冒頭、自然に対する私達の慢心があったということを自責の念を込めて書いたが、コロナ・ウイルスが突きつけたのは、自然との「結び直し」の重要性なのかもしれない。自身の存在自体が自然そのものであることを忘れていた。それを思いだそうとする時、頭で考えるより、自然の中にまずは身を置き、歩くことでみえてくるものがある。そこに祈りや習俗を加えた四国遍路のような存在を、私達が長年手放さなかったことがあらためて大切に思えてくる。「不要不急」を峻別する世界において巡礼という行為は、まっさきに優先順位から抹消されてしまいそうだ。しかし今まで書いてきたような視点でみると、この五十日間歩き続けるような遅くて非生産的な四国遍路のような行為にも、自然の中であらゆる生命と共に「暮らす」人間の叡智が詰め込まれている。

密教の思想をみても、この「自然」との融和性を感じるものが多い。さきほどふれたように、仏教では真理そのものも仏とみて、その身体を〝法身〟と呼ぶことがあるが、密教ではその法身を「自性身《じしょうしん》」「受用身《じゅゆうしん》」「変化身《へんげしん》」「等流身《とうるしん》」の四つに分類する。その中でも「等流身」が密教の性格の一端を明確に表現している。

等流身とは、私達の生活のすぐ近くにある平凡な人間や動物、植物などを、真理の姿を変えた存在であるとみる仏の身体観だ。仏教を紙の経典の中にのみ封じ込めることなく、時にはボロボロになって倒れかかった小さな命、小さな草のうごめきに仏をみる、空海の生命観の源流をそこにみることができる。

また密教の修行において用いられる三種の力である「三力《さんりき》」は、修法の中で繰り返し唱えられる。ひとつ目は行者自身の「功徳力《くどくりき》」、ふたつ目は仏からの聖なる力である「如来加持力《にょらいかじりき》」、そして三つ目は、この自然、宇宙全体の力である「法界力《ほうかいりき》」だ。自分自身の力、聖なる力、すべての自然を含んだ場の力、これらのどれが欠けても修行は成立しない。ここでもやはり自然との繫がりを回復しようとする思想が想起させられる。

「三密刹土《さんみつせつど》に遍《あまね》く、虚空に道場を厳《かざ》る、山毫溟墨《さんごうめいぼく》を点じ、乾坤《けんこん》は経籍の箱なり」（『性霊集』）

【身体、言葉、心である仏のはたらきは国土すべてに広がっている。なにもないこの空間に道場を荘厳している。山は筆となって大海の墨に筆をつける。天地は経典の箱である】

空海は、このように今、ここに広がる自然こそ仏教経典の入れ物だということを様々な表現で繰り返し述べる。空海の師、恵果和尚の師である不空三蔵が訳した『般若理趣釈』の中には、「水鳥樹林、皆法音を演《の》ぶ」（水鳥の鳴き声も、それを包む密生した樹木も、すべてが仏教の教えを説いている）という一節があり、こちらも密教の自然観をよく表している。密教は聖性を仏に閉じ込めない。

その意味を現代の中で、少しずつ取り戻さなければならない。それは自然との「対決」というようなものではなく、曼荼羅のように両輪が、融け合って瑜伽《ゆが》（結びつく）であるように、自らの中に自然と聖性を発見し、自然の中に自らと聖性を発見する小さな積み重ねだろう。

以上、思いつくままに「不要不急」を発端にして、空海や密教の教えと私の受け取り方を挙げていった。密教の曼荼羅の構造をみることで、「不要不急」といわれるものを一概に否定することの危険性を指摘した。そして、それは「不要不急」という概念自体を敵視して糾弾することではない。また「自受法楽」という密教特有の言葉から、「大いなる楽しみのために」ということの可能性を見つめ、自分が住職を務める四国遍路の風景から、私達と自然との関係性について再考を試みた。まさに言うは易しで、普段の自分の生活や修行を省みると恥ずかしいことばかりだ。しかしこの中のひとつでも小さな支え、ヒントになれば有難いと思う。

末にひとつのことを書き加えたい。コロナ・ウイルス蔓延の中で多くの命が失われた。亡くなった原因によらず、また年齢を問わず、自分が拝むことになった葬儀の中で、私が繰り返し集まった人達に伝え続けてきた空海の言葉がある。それは「起きるを生と名づけ、帰るを死と称す」という言葉だ。死ぬことは、帰るということ。そんな言葉を躊躇しながら残された人々に話し、人が生きて死ぬ場面に身をおいてきた。すぐには受け止められなくても、一年、十年と時が過ぎる中で、その感触が変化する人が多いようだった。淋しく亡くなる方の多い中で、死者とそのまわりに残された人達にこの言葉を祈りと共に捧げたい。
「不要不急」は生き延びるために大切なガイドとなるだろう。しかし同時にこの言葉にふれる時、いつも不思議なおこがましさを感じる。そこにあるためらいが、じつはとても大切なことだと思う。

【参考文献】
『密教』（松長有慶、岩波新書）
『密教・コスモスとマンダラ』（松長有慶、ＮＨＫブックス）
『弘法大師空海と出会う』（川﨑一洋、岩波新書）

⑨

今こそ長期思考を取り戻す

——松本紹圭

松本紹圭（まつもと・しょうけい）
僧侶。神谷町光明寺。一九七九年北海道生まれ。武蔵野大学客員准教授。二〇一〇年、ロータリー財団国際親善奨学生としてインド商科大学院（ＩＳＢ）でＭＢＡ取得。二〇一二年、住職向けのお寺経営塾「未来の住職塾」を開講し、塾長を務める。著書『お坊さんが教えるこころが整う掃除の本』（ディスカヴァー・トゥエンティワン）は世界十七ヶ国語にて翻訳出版。ポッドキャスト『テンプルモーニングラジオ』は平日毎朝配信中。

仏教的に「不要不急」を紐解くと

お経には「無」や「不」といった否定の文字がたくさん出てくる。たとえば、般若心経には「不生不滅《ふしょうふめつ》」とある。一切の事物は本来、生まれることもなく、滅することもない、という意味だ。これは「生」と「滅」という、相互に打ち消しあう対の言葉の前に、それぞれ「不」をつけて「不生不滅」とし、分断から離れることを促している。

同じように、「不生不滅」に「不垢不浄《ふくふじょう》」「不増不減《ふぞうふげん》」が続く。垢がつくこともなく、浄まることもない。増えることもなく、減ることもない、という意味だ。このように、私たちは本来分けられない世界を生きていると、仏教は教えてくれている。それを言葉が切り分ける。言葉の切り分け作用は、世界を整理するのに役に立つ一方で、分断を生む。それを仏教では「分別」と呼び、離れるべきものと扱われる。仏教の悟りの智慧は、「無分別智」ともいう。仏教では、無分別が悟りで、分別は迷いなのだ。

一見、「不要不急」と「不生不滅」「不垢不浄」「不増不減」は似ている。しかしよく見ると、「不要不急」は「要」と「急」という、相互に補強しあう言葉を並べて、それぞれに「不」をつけている。つまり、「要と急」という一方向に強くはたらくベクトルを生んでおり、「分別」、すなわち人間の迷いを助長する言葉とも言えるだろう。

後生の一大事

「不要不急」の四字が世に広まることは、「要なものと要でないもの」「急なものと急でないもの」という二軸のマトリックスで価値判断をする世界観が、人々の意識に忍び込むことでもある。その言葉は、「世界には、必要なものと不要なもの、急を要するものと急を要しないものがある」ことを暗示する。

よく考えると「要」も「急」も、それだけでは成立しない。「要」や「急」が成り立つには、その必要性や緊急性を照らす何かを必要とする。言い換えると、「要」と「急」の相互作用によって生み出されるベクトルが方向づける先には、実は、なんらかの目的が埋め込まれている。何にとっての「要」「急」なのか。なんらかの目的に照らしてはじめて、より要なものと要でないもの、より急なものと急でないものが、相対的に浮かび上がってくる。

「要」であり「急」な目的のことを、浄土真宗では「後生の一大事」と呼んできた。人間は誰一人、老い、病み、死ぬことから逃れることができない。そのような生死《しょうじ》をいかに受け止めるかという一大事を差し置いて、他に一大事と呼べるものなどない、ということだ。生死という抜き差しならない問題の前には、いかなる問題も消し飛んでしまう。

「ウィズ・コロナは、ウィズ・デス（死）」

約二十年前、私が大学を卒業すると同時に仏門を叩いたのも、そうした人生の一大事を追い求めてのことだった。いまだ解決はつかないけれど、自分にとって「要」かつ「急」である生死の一大事をめぐって、とにかく今日まで仏門で生きてきた。コロナ禍という人類の一大事は、一人一人の人生における一大事を呼び覚ますウェイクアップコールになるのではないか。

ちょうどコロナ禍が本格化した二〇二〇年の春に、私は自身の note マガジン『松本紹圭の方丈庵』にこんなことを書いた。

長期戦になります。いえ、終わりのない戦いの中にずっと前から私たちは放り込まれていたのだということが、露わになっただけかもしれません。これもまた大きな自然の摂理の中にあるのだから、「戦」という言葉遣いは正しくないという人もいます。いずれにせよ、いつか元に戻ることを期待しても、世界はもう二度と元に戻ることはありません。（中略）人類が、永遠とも思える長さの人生を生きる夢を見ながら惰眠をむさぼっていた平成、「僧侶の仕事は〝メメント・モリ（死を想え）〟のメッセージを、自らやがて死すべき命であることを忘れた人々に囁き続けることである」などと言っていましたが、ここへ来て、その必要はなくなりました。これからは、医療テクノロジーの進歩により百五十年生きる人もいるけど、誰もが明日死ぬかもしれないことが同時にリアリティを持つ、いわば「命のボラティリティ（註：変動が激しいこと）」の確変時代に入ったという、その始まりの鐘を地球全体に向けてコロナウイルスが鳴らしたということでしょう。

ウィズ・コロナの世界は、ウィズ・デス（死）の世界です。

それは、日々の「さようなら」を、まさに「左様なら」の語源通り、今生の別れと思って生きていく世界。「メメント・モリ＝死を想え」と宗教家が言わずとも、みんなそれぞれ悩み始める世界です。

コロナ禍初期の緊張感が文章に漂っているものの、一年経った今でもこの考えに変わりはない。はたしてコロナ禍によって人類に突きつけられた一大事の問い掛けに、私たちはきちんと正面から向き合えているだろうか。

「社会の一大事」と「私の一大事」

「不要不急」という語は『広辞苑』によれば「どうしても必要というわけでもなく、急いでする必要もないこと」と説明される。「不要不急」の四字の公案は、私たちに「あなたにとって本当に要であり急なものは何なのか」、つまり「あなたの一大事とは何か」と問いかけているのだ。もし「私の一大事」が何なのか考えることなくボーッと日々を過ごしていると、「不要不急」の言葉を投げかけられた時、簡単に「誰かの一大事」に絡め取られてしまう危険性がある。

たとえば、政府から発出される「不要不急の外出を控えてください」のメッセージは、当然ながら「新型コロナウイルス感染拡大防止」という「社会の一大事」を前提にしている。それはあくまで「コロナ禍という特別な状況下において、より良い対処という目的のために国家社会的に判断されるもの」であり、「国民一人一人が個別に判断するもの」とは別物だ。もちろん、社会の一員として「社会の一大事」に貢献するのは良いとしても、それと「私の一大事」を混同してはいけない。

「不要不急」が生む分断と抑圧

私は世に「不要不急」という言葉が拡散するにつれ、自分の存在が丸ごと不要不急のものさしで判断されるかのような気持ち悪さを覚えた。そこには、その言葉が私たちの社会に分断と抑圧を助長する不気味さも含まれているように思う。

「不要不急の外出を控えてください」というメッセージの出し方も、まずかったのかもしれない。感染症対策に関する法整備が事前に十分に整っていなかったこともあり、政府は対策を国民一人一人に「お願い」するしかなかった。国民の権利を制限するものでなく、あくまでも自主的な行動を促すものに過ぎないと、国民一人一人の自主性に委ねるかのような体裁を取っている。政府の社会的判断か、国民一人一人の個人的判断か。私たちがボーッとしているうちに、主体が曖昧なまま「不要不急」の言葉が拡散していったのではないか。

十分に法整備がなされていない中でも「不要不急」の言葉を使うことによって、問題を回避しつつ、自らの望む方向に国民を誘導するという意味では、政府のメッセージには一定の効果はあったと思う。しかし、政府が国民に「自粛」を「要請」すれば、それを錦の御旗にした「自粛警察」が私的に組織されるほどに「お上」意識の強い国民性だ。その効果を生む手段として、「あなたの自分勝手な行動が、あなたのみならず全体の調和を壊すのです」という全体主義的道徳観への訴えかけが用いられたとするなら、それは分断と抑圧の副作用を生む危険なやり方となるだろう。

「我慢教」という副作用

「不要不急」の呪いのかかった「分断と抑圧」の世界では、人は罪悪感を抱きがちだ。真面目な人ほど「みんなと比べて自分の我慢は足りていないんじゃないか」と、悩む。そんな罪悪感の苦が重なると、安心感を必要として「こんなに我慢しているんだから、自分は間違っているはずがない」と、やがて進んで我慢へと駆り立てられていく。そうして飽和状態となった苦の矛先は、「自分はこんなに我慢しているのに、お前というやつは」と、他人へと向かい始める。この現象を、私はひそかに「我慢教」と呼んでいる。

誰にとっての一大事なのか。主語を曖昧にしたままで「不要不急」を濫用することは、私たちの「明け渡しグセ」を促進する危険性がある。誰のための不要不急かと問うことなく、空気に流され「自粛警察」に怯えているうちに、「新型コロナウイルスとの戦い」が、何か別のものとの戦いにすり替わらないとも限らない。たかが、と侮ってはいけない。ハラスメントと同じで、小さなことでも一度明け渡してしまうと、感性の麻痺は次第にエスカレートするものだから。

お寺という空間から離れて

分断と抑圧の世界は、コロナ禍で「不要不急」の言葉が出る前からとっくに始まっていた。経済至上主義の社会において一大事といえば、利益を追求する組織にとっては、お金の損得こそが要かつ急なものであり、それに結びつかないものは「不要不急」と切り捨てられる。そして、このような論理は、今や政治、学問、医療、芸術、宗教に至るまで、あらゆる分野を覆い尽くさんばかりの強い影響力を持っている。

もうけに結びつく「要」かつ「急」ばかりが求められる息苦しい世界の中で、残された僅かな余白でなんとか息をしながらバランスをとってやってきた。コロナがそれらの余白をすっかり押し流し、バランスを崩してしまう人が大勢いる。その一方で、むしろコロナが暮らしに余白を生んで、枠組みの内と外を往復しながら時間や場にとらわれずに生きられるようになったという人もいる。「二極化」という言葉を耳にする機会もますます増えたように感じる。

このコロナ禍を機に、私の僧侶としての活動にも変化があった。これまではお寺という空間に依存する活動が多かったが、コロナ禍によって否応なく「脱空間」で何ができるか挑戦する機会が多くなっている。

たとえば、以前から、東京都心にある光明寺というお寺を舞台に続けてきた、お寺の朝掃除の会「テンプルモーニング」。都心に通うビジネスパーソンの方々に、出勤前に参加していただけるように、という思いもあった。

しかし、コロナ禍で思うように開けなくなったため、その雰囲気を音だけでも感じてもらえるように『テンプルモーニングラジオ』というポッドキャストを始めた。「私の一大事」を思い出してもらうのに、「音声」が最適なのではないかと考えたことも、その理由だ。

産業僧と対話する企業へのソリューション

企業を対象にした僧侶との対話「モンク・マネジャー」の提供を始めたのも、コロナ以降の取組の一つだ。「モンク」は英語で僧侶を表す「monk」から取ったものだが、「文句」のことと勘違いする人もいる。でも、それもまた当たらずとも遠からずで、何をするかといえば、お坊さんと企業社員との一対一の純粋なおしゃべりだ。利害関係のない第三者だからこそ、会社への文句も遠慮なく言えるというもの。

リモートワークの広がる企業組織で真っ先に「不要不急」の烙印を押される、何気ないおしゃべりの時間。しかし、それこそが実は社員のウェルビーイングと創造性を支えてきた大切な時間だったのではないか。そんな私の仮説を検証する機会を与えてくれたいくつかの会社には、とても感謝している。

最初に実施した会社では、数百名の中から希望のあった計四十名の社員と、一人当たり一時間、リモートで対話を重ねた。「対話の内容は一切会社と共有しない」というのが前提だ。全員が全員、心をフルオープンにしてくれるわけではないけれど、多くの本音の声を聞かせていただいたように思う。ふだん会社の枠組みの中に収まっているときには出さない（出せない）声を出してくれていることは、声を聞けばわかる。全体のおよそ一割の社員とそうした対話を重ねてみると、組織の全体像がおのずと浮かび上がってくる。

この取組について、産業医でもある医師の友人に話をしたところ、彼はモンク・マネジャーの存在を「産業僧」と称した。産業医は、企業によって求められる内容にずいぶん幅があるようだが、基本的にはクライアントである企業と連携して社員の健康相談や医療的な診断を行い、必要な措置を促すという。これに対して、「産業僧」は健康面にとどまらず、社員の人生に起こる仕事やプライベートの様々な苦に対応する役割として、大きな可能性があるのではないかと評してくれた。

事後アンケートでは、全員が「目的のない時間の価値」を感じていた。目的だらけのビジネス界に、他者と共有できる目的のない時間を持つことが、こういう時代だからこそ求められている。「私の一大事」に向き合う時間を取り戻すよう、コロナが促してくれたのではないか。

人が生き生きとやりがいを持って良い仕事をするために大事にすべきことは、「自分の本当の声を聴く」、これに尽きる。

企業組織への東洋医学的アプローチ

さらにモンク・マネジャーの面白いところは、社員個人への働きかけにとどまらないところだ。ひじりが各地を歩いて巡るように、ひとしきり社内を「巡礼」すれば、自然と多様な声が耳に入り、会社全体の健康状態が浮かび上がってくる。組織について最もよく知っているのは、その構成員だ。社員の声を聞けば、会社のことは一番よくわかる。

本当は、多額の経費を掛けて外部のコンサルタントを雇うまでもなく、社員が問題を知っていて、本当は答えも知っている。ただ、それを声にすることができずにいるのだ。だから、社員ひとりひとりが、本当に自分が思っていることや感じていることを声に出せるようになれば、組織は自然と改善に向かうはず。

経営コンサルティングを全て否定しようとは思わない。医療だって、大怪我や重病をしたときには、外科的な処置も必要になるだろう。しかし同時に、現在の医療が「患者の病気が続いてくれた方が病院の収入が安定する」仕組みで提供されているのと同じように、コンサルタントにとってはクライアント企業が慢性疾患にかかっていてくれた方が継続的な顧客になるというジレンマもある。

最近では、上がり続ける医療費の問題を解決する方向性として「予防医学」が注目されている。同じように、企業でも課題解決型のコンサルティングに代わって、組織の問題が大きくなる前に兆候をキャッチして対応する仕組みがもっと充実していい。モンク・マネジャーはそんなところでも役目を発揮できそうな気がしている。

モンク・マネジャーは、組織自身の自然治癒力を高めることを促す。必要があれば全体的な声の印象をリーダーとも共有し、より良い声が響き合う組織にするための知恵を出す。コンサルティングが西洋医学なら、モンク・マネジャーは漢方的、東洋医学的アプローチと重なる部分もありそうだ。

コロナ禍だからこそ、僧侶としてお寺の中で待っているのではなく、オンラインも上手に使ってどんどん外に出ていきたい。

「日本のお寺は二階建て」論

一方、私は宗派や地域を超えた僧侶・宗教者が集い、お寺のこれからの経営や宗教者のリーダーシップについて学び合う「未来の住職塾」という塾を立ち上げ、これまで十年間続けてきた。日本の仏教文化の存続を考える上で、コロナ禍という大きな変化の中で慣習が途切れ、古くからある神社仏閣が支えられてきたエコシステムが崩れつつあることにも、目を瞑ってはいられない。かつて数えきれないほどの厄災の中、何百年という歴史を生き抜き受け継がれてきたお寺という場の灯火を、「不要不急」の一言で消すわけにいかない。

ここで、「日本のお寺は二階建て」論を紹介させて欲しい。私は以前から、「日本のお寺は二階建て」と説明している。日本のお寺は二つの機能を担っている。一階は先祖教を中心とした日本仏教、二階は仏道。一階は檀家のためのスペースで、二階は仏道を求める人のためのスペースだ。別の言い方をすると、一階は死者を中心としたスペースで、二階は生者のためのスペースであると言ってもいい。

お寺は一階も二階も、共に欠かすことができない。一階は身近な人の死を弔うことを通じて自他の一大事を考える空間であり、二階は忙しい日常から抜け出して心身を整えることを通じて、やはり自他の一大事を考える空間になっている。同じ一人の人でも、一階と二階のどちらが必要になるかは人生のタイミングによって変化する。

コロナがお寺に及ぼした影響をひとことで言うと、人が人生においてお寺に関わる「慣習が途切れた」ことだと思う。慣習というのは、これまで続いてきたからこれからも続くのであって、一度、途絶えたものを再び慣習化するには、相応の動機が必要になる。

「The Good Ancestor（よき祖先）」

存続の危機にあるお寺を次世代につなぐには、どうしたらいいのだろうか。そう考えている折、とある欧州のビジネスコミュニティの集いに参加する機会を得た。私がオンライン登壇したセッションのタイトルは、「Time Rebels and Good Ancestors」（時の反逆者たちと、よき先祖）だ。

なぜ「先祖」なのかといえば、一緒に登壇した英国を代表する哲学者、ローマン・クルズナリック氏の著書『The Good Ancestor』（よき祖先）が発端だ。先祖供養の慣習があまりない西欧社会を生きる著者が「先祖」をどう捉えるか、興味をそそられた。その本には、こんなことが書かれている。

現在、人類は未だかつてないほど、短期思考になっている。しかし、今日私たちが直面する様々な課題を考えたとき、長期思考でなければ立ち行かないことは間違いない。人類の歴史において、バルセロナのサグラダ・ファミリア然り、世代を超えた努力によって成し遂げてきた偉業は数知れない。実に、他の哺乳類と比較しても、長期思考こそが人間の最も卓越した能力の一つであると言っても良いだろう。

短期思考に飲まれることなく長期思考を保つことを支えてくれるのが、「まだ生まれていない未来の世代にとって、今、自分は〝よき祖先〟と呼ばれるような行動ができているだろうか？」という問いだ。『グッド・アンセスター よき祖先』という本書のタイトルは、先祖ではなく、自分に向けられている。

人類に残された時間は少ない。次世代は動きはじめている。綱を引き戻そうとする力もそれなりに強い中、私たちが〝よき祖先〟になれるかどうか、問われている。

人生の一大事が遠ざかる「人生百年時代」

先の「日本のお寺は二階建て」論を踏まえ、クルズナリック氏の議論から得た気づきがある。

今、お寺の一階部分（先祖教）が衰退しているのは、短期思考への傾倒が強まっていることと関係しているのではないか。社会はますます「要」の結果を出すことを「急」いている。宗教は、日常の生活感覚を超えた悠久の時間に身を投ずることだとすると、今起こっていることは、人々の「お寺離れ」とか「宗教離れ」というより、人々の「長期思考」離れであり、「生死の一大事」離れということもできるかもしれない。

どういうことか。人間の寿命が延びる一方で、思考はどんどん短くなっている。腰を据えてゆっくりと人生とか宇宙のこととかを考える時間はどんどん持てなくなっていくし、自らの死も遠ざかり、死んだ後のことなんてなおさら考えることはなくなっている。ここ二十年で寿命は延びて「人生百年時代」と言われるようになった。その分みんなが生死の一大事について考える時間が増えたかといえば、疑問だ。

一方で、お寺の二階部分（仏道）を求める人が増えているのは、極端に社会の短期思考化が進んだ反動もあるだろう。スマートフォンの通知が鳴り続ける中、思考が深められないことに危機感を持って、坐禅や掃除の機会を求めてお寺を訪ねる人もいる。

今、これまでのお寺の一階と二階のバランスが崩れてきていることは、間違いない。

「先祖」から「祖先」へ

私たちはお寺の一階を作り変えるのにまたとない好機を迎えているのかもしれない。

これまで、お寺の一階は「先祖教」だった。「自分たちがこうして生まれて生きているのも、ご先祖様があってこそ。だからとにかく、ご先祖を大事にしましょう」というメッセージを住職は檀信徒に発信してきた。それ自体は何も間違っていない。法事や墓参りを通じて、遠く世代を隔てた今は亡き見えないご先祖に思いを馳せる慣習は、クルズナリック氏の議論に即せば「ディープ・タイム」と呼ばれる悠久の時間軸で世界を見直す、日本ならではの長期思考を促す素晴らしい機会だったのだと思う。

しかし今、短期思考つまり「要かつ急」を是とする風潮の蔓延により、その大事な機会が失われつつある。何が問題かと言えば、みんなが先祖を大事にしなくなったことが問題なのではなく、ディープ・タイムに身を委ねる機会が消えていくことが問題なのだ。如何せん、私たち僧侶は先祖のことばかり言い過ぎた。これからは、過去の世代ばかりでなく、未来の世代にも目を向けよう。法事や墓参りは、自分が先祖に思いを向ける機会を重ねることによって「今こうして自分が先祖に思いを向けるのと同じように、いつか自分も先祖になった時、子孫はどんな思いを向けてくれるだろうか。その時、子孫から尊敬される先祖になることができるだろうか」と、先祖に思いを向けると共に、未来を思うディープ・タイムに生きる感覚を養うプラクティスとして、法事や墓参りを定義できる。

法事はこれまで「過去の先祖を大切にする儀式」だったが、これからは「過去の先祖に思いを向けつつ、自分がいずれ先祖の仲間入りをするときに、未来の世代にどんな風に自分のことを覚えていてもらいたいか、生き方を考える儀式」へと、過去と未来の両方向へ時間感覚を開く場として再発明するべき時ではないか。

そのためにも、これからは「先祖」より「祖先」だと思う。ほとんど似た意味の言葉ではあるが、「先祖」が血縁を強く意識させるのに対し、「祖先」は血縁に関わらない人類全体としての繋がりを意識させるからだ。墓の竿石に「先祖代々の墓」とは刻まれても「祖先代々の墓」はまず見かけない。ホモ・サピエンスという種を指すとき、「人類の先祖」よりも「人類の祖先」の方がしっくりくる。生涯未婚率が高まり、少子化が進み、イエ意識が消滅しかけている現代で、血縁の先祖に意味を見出せる環境に置かれた人はますます少なくなっている。その一方で、気候変動など世界全体で取り組む必要のある地球規模の緊急課題が山積する今、血縁を超えた全人類的な先祖や子孫を意識することの大切さを説く声が、さまざまな識者から聞こえ始めている。「先祖」から「祖先」へ、微妙だけれど大きな変化だ。

目に見えない存在

近年のダボス会議では「マルチステークホルダー・キャピタリズム（多様な利害関係者による資本主義）」が大きなテーマになっている。現代は、「目に見えないステークホルダー（註：利害関係者）」を議論に招き入れることが、ビジネスのみならずあらゆる場面で求められる時代だ。グローバルでは、それは「これから生まれてくるであろう未来の人々」のことを指す。日本人も、「目に見えないステークホルダー」を勘定に入れて議論をしたりものを考えたりすることを得意としてきたが、これまでそれは多くの場合「すでに旅立った過去の人々」のことだったように思う。今こそ私たちは、「目に見えないステークホルダー」の取り扱い範囲を、過去だけでなく未来へ拡張すべき時だ。その上で、世界に対してはもっと過去にも目を向けることを提案したい。

これまでの枠組みでは「不要不急」の号令のもと、真っ先に槍玉にあげられるのが、宗教だったかもしれない。幸い今、経済的資本だけでなく自然や人を含めた包括的な資本を勘定に入れるべく、資本主義が根本的に変化しつつある。自然や目に見えない資本の護持に携わる神社仏閣の存在と、それをあずかる宗教者こそ、その長期的な視点をもって、これからの社会の仕組みづくりに関わっていってよいのではないだろうか。

臨済禅では、修行僧が悟りの道を歩むための課題として公案を大切にすると聞く。私は臨済宗の僧侶ではないし、それどころか、尊敬する臨済宗円覚寺の横田南嶺老師から「お坊さんのようで、お坊さんではない」との評をいただくくらいだから、僧侶かどうかも覚束ない。そんな私に今回、素晴らしい僧侶方とご一緒に「不要不急」という四字の公案に取り組む機会を与えていただいたことを、心から感謝している。

ところで最後に、ここだけの話、本当はすべての公案は「南無阿弥陀仏」の六字で解けてしまうんじゃないかと、私はひそかに思ってもいる。

⼗

「遊戯」の領域

——南直哉

南直哉（みなみ・じきさい）
青森県恐山菩提寺院代（住職代理）、福井県霊泉寺住職（ともに曹洞宗）。一九五八年長野県生まれ。一九八四年、出家得度。曹洞宗永平寺で約二十年修行生活をおくり、二〇〇五年より恐山へ。二〇一八年、『超越と実存』（新潮社）で小林秀雄賞受賞。著書に『日常生活のなかの禅』（講談社選書メチエ）、『老師と少年』（新潮文庫）、『恐山　死者のいる場所』（新潮新書）、『死ぬ練習』（宝島社）などがある。

「不要不急」に生まれて

ウイルス禍が深刻化するにつれ、世間にはカタカナ漢字入り混じって、日常聞きなれぬ様々な言葉が飛び交った。本書のお題の「不要不急」もそのうちだろう。

坐禅などしている身であれば、それこそお前の存在自体が「不要不急」だと言われても仕方のないところではある。が、この四字熟語が出て来ると、坐禅人のみならず、なんとなく大方の人々が居心地の悪そうな、割り切れなさそうな思いをしているように見受けられるのは、どうしてだろうか。

それは結局、およそ人間はみな、「不要不急」の存在だからである（いかにも禅家が言いそうなセリフだ）。「親」の方に「要」や「急」があったにせよ、そんなことは未だ世に出ぬ「子」の側には関係ない話である。

事実として、我々は「親」を選べず、理由や条件を知った上で生まれてきたわけではないし、生まれたら生まれたで、何故死ななければならないのか、皆目わからぬまま死んでいく。

人生の両端の意味が不明なのに、中間に意味があるとは言い切れまい。ということは、諸行無常、我々はさしたる根拠も意味もなく生きているのだから、それこそ「不要不急」の存在である。少なくとも「要」や「急」を声高に主張できるいわれはない。

ならば、万般概して要不要、急不急の判断に十分な自信を持てるわけがない。当惑するのは無理もないだろう。

そこで今般紙幅を得たので、要が何だ不急がどうしたと言挙げする前に、要不要を分ける手前、急不急を判断する前提とでも言うべき事柄に、いささか思いを巡らしてみたい。

「身体的欲望」からのディスタンス

ウイルスの脅威を初めて身近に感じたのは、去年夏場のいわゆる「第二波」の頃である。檀家から葬儀に出るのを断られたのだ。

「方丈さん、悪いけどお婆ちゃんのお葬式は、方丈さんから別の和尚さんにしてもらうように頼んで下さいな」

亡くなったのは、月参りで読経後にいつも四方山《よもやま》話をしていた懇意のお婆ちゃんで、住職たる私は大ショックである。

事情を聞けば、まことにやむを得ぬことだった。喪主たる息子夫妻は二人とも高齢者施設に勤務していて、「絶対に」ウイルスに感染するわけにはいかなかったのである。私は当時東京に足止めの状況だったので、私を介しての万一の感染を心配したのだ。

結局葬儀はごく近親だけで、私の依頼した別の住職が執り行ったのだが、故人と親しかった人たちが後々いつまでもお悔やみに来るわ、方丈はなぜ来ないと言われるわ、大変だったそうである。

これはまさに、「ソーシャルディスタンス」のなせるわざで、故人が感染者でなくてもこの有様である。それが感染者だとどうなるかは、例の有名なコメディアンの感染死が世に衝撃的に見せつけた。

入院して以来、家族親族がまったく見舞うこともできぬまま、再会したときは遺骨だったという、あの弟の骨箱を抱いたまま当惑と悲しみで呆然としているような実兄の姿を見たときは、同情と言うより恐怖を感じた人は多かったろう。

臨終の看取りがかなわず、遺体と「最後の別れ」ができないことが、極めて大きなトラウマになる事実が、あの一件で強く我々に印象付けられたのである。

ウイルス禍での葬儀をめぐるこの二つの事例は、一方で「ソーシャルディスタンス」と称される、身体を回避、あるいは忌避する態度を露わにした。他方、コメディアンの死は、たとえ対象が遺体であっても、身体的コミュニケーションへの深い欲望が我々に根付いていることを示している。つまり、ウイルス禍は、我々の実存における身体性の問題を、いきなり突き付けてきたわけである。

何が「エッセンシャル」なのか？

「不要不急」とは別に、今回飛び交った耳新しい言葉の中で、私が特に引っ掛かったのが、「エッセンシャルワーク」とか「エッセンシャルワーカー」というカタカナ文字である。人の職業に関しては、子供の頃から「職業に貴賤はない」というような訓辞を聞かされてきたが、これとは別に世上「本質的（エッセンシャル）」な仕事と言われるものがあり、と言う以上は、「非本質的」な仕事があるわけで、要は「職業に本質／非本質がある」というアイデアが、今どき突然出て来るとは思いもよらなかった。

そこで、「本質的」な仕事とは何かというと、おおよそ我々の日常生活の基盤を支えるような仕事、医療・介護、各種ライフラインなど社会インフラの維持・保全、生活物資の生産・輸送・販売、警察・消防・廃棄物の収集、義務教育・幼児保育、市役所・役場など地方自治最前線の業務、あたりが代表だろう。

これら「本質的」仕事をざっと見渡すと、すぐに思いつくのは、身体性が高度に要求され、リモートワークができないか、非常にしにくい職種がほとんどだということである。

しかも、同時にそれらは、概して労働量やその強度に比して、相対的に賃金が低いように見える。ということは、いわゆる「生産性が低い」とみなされている職種と言えるだろう。というよりも、そもそも「生産性」とか「効率」という尺度で測ることが不適切な職種なのだ。

そして、この「本質的」な仕事は、どう見ても「不要不急」ではあるまい。「要」と「急」の筆頭に挙げられるような職ばかりである。

では、エッセンシャルではない、「非本質的」な仕事とは何か。これは簡単に定義できない。ただ、上述の事例からその反対を想像して、理屈だけで言うならば、それは、身体を駆使する必要性が低く、リモート可能な、労働の量や強度の割に高い報酬を得られる、「生産性が高い」職業、ということになる。

それはどういう職業だろうか。

私は思うに、たとえば、株式売買がそうだ。やろうと思えば、株式上場しなくても企業は存続できる。実際「非上場」企業は数多《あまた》あるのだ。ならば、株売買は「本質的」ではあるまい。

ところが、この売買で、パソコンのクリック一発か、それさえせず自分の知らないうちに、巨額の金を手にしている人が、実際にいるのだ。

「CEO」という流行りの役職があり、彼が何の仕事をどのようにしているのか知らないが、これによって何億もの年収を得ている者が少なからずいる。

それが後ろめたくて隠匿した果てに、海外に逃亡した例もあるくらいだから、これはどう考えても、「非本質的」な役職だろう。おそらく、こんな者にビタ一文支払わなくても、会社も世間も困るはずがない。払ったから、困ったことになったのだ。

そこで言うならば、まさにこの「非本質的」な仕事こそ、「不要不急」だろう。ということは、現代の経済成長や市場拡大においては、「非本質的」で「不要不急」な経済行為こそが、高収入で「生産的」な主役を張っているということになる。それどころか、成長や拡大には、まさに「非本質的」で「不要不急」な経済活動こそが大規模に必要なのだ。

けだし、現代の資本主義市場経済は、このような「非本質的」かつ「不要不急」な仕事を経済の「本質」にして「必要至急」にしているという、倒錯的なシステムになっているわけだ。

今回の「エッセンシャルワーク」という言葉は、まさに暴走に近づいた資本主義市場経済が、このウイルス禍に端なくも露呈させた、みずからの倒錯性と幻想性を象徴するものなのだ。そのことを、戦後の「高度成長」の過程を例に考えてみよう。

身体の消去

考えてみれば、我が国は「明治維新」以来、「西欧列強」に追いつき追い越せと、「一致団結がんばれ」主義で「富国強兵」に邁進してきたら、「強兵」で大失敗してしまった（第二次大戦）。そこで、敗戦後は「富国」一本に絞り、すなわち「アメリカのように豊かに」なろうと、また一致団結、全力疾走してきた。それは要するに、資本の増殖と市場の拡大という「高度成長」に国も命運を賭けた、ということである。

結果、日本は一九八〇年代には、「アメリカのように豊かに」なった。すると当然、豊かになるための「一致団結がんばれ」主義社会体制も用済みにということになるから、社会全体が機能不全に陥っていく。その最初の顕在化が、バブル経済とその崩壊、高速道路の倒壊に代表される阪神淡路大震災の衝撃や、オウム真理教事件の驚愕であろう。

まさにこの過程が、「不要不急」「非本質的」な経済の加速度的拡大なのであり、それは同時に、経済が我々の身体性を消去する意志を持つことを示す過程なのである。

まず、戦後の昭和三十年代に始まった「高度成長」には、明らかに身体性があった。当時の日本経済が目指していた「豊かさ」は、まず衣食住で豊かに、便利になることだったのである。テレビ、冷蔵庫、洗濯機の、いわゆる「三種の神器」にはじまり、その後のカラーテレビ、(マイ)カー、クーラーの3Cにしろ、つづく海外旅行ブームやブランドファッションにしても、経済を成長させ、資本を拡大させる駆動力は、人間の身体的な欲望に根ざしていたと言えよう。その終わりがバブル時代であった。

忘れがたい記憶がある。そのバブル前夜と言うか、バブルの黎明期、すなわち一九八二、三年頃、出家直前の私が勤めていた百貨店(実に飛ぶ鳥を落とす勢いであった)の会長は、新年の訓示でこう言い放った。

「社員のみなさん！　いまや物を売る時代は終わりました。これから我々は、文化を売るのです。情報を売るのです。そして、金で金を売っていくのです!!」

聞いた私は驚愕した。「ここは百貨店じゃないのか!?」

この驚くべき会長の言葉の意味を、いま私が解釈するとこうなる。

〈いまや、身体に根ざした欲望で商売する時代は終わった。市場と資本は、人間の身体性の限界を突破して、というよりも身体性を捨て去って、「金で金を売る」自己増殖システムに変貌したのだ〉

だからこそ、バブルのあだ花が散った後、お金は株式市場と企業の内部留保という市場システムの中に堆積し続け、人々の個々の生活（身体性の実質）には大して配当されないままで来たのだ。さらに言えば、現在のシステムは、もはや基本的に人間が邪魔なのである。なぜなら、人間の身体的生存にはコストがかかるからだ。

「不要不急」経済の果て

ところが、社会構造が急激に変貌しつつあっても、人間の意識はそう簡単に変わらないから、すでに完全に時代遅れになった「豊かに便利に、一致団結」主義の幻想から覚めない。オリンピック・リニア新幹線・万博の三点セットは、「高度成長の夢よ、もう一度」という過去の亡霊である。つまり「身体的欲望」の追憶の中に沈み込んでいるのだ。

東日本大震災と原発事故で、さすがに一昔前の幻想から覚めるかと思ったのだが、なにせ日本社会の「指導者層」のほとんどが、昭和三十年代以前に生まれた、幻想がリアルだった時代を生きてきた連中だから、そう簡単に頭は切り替わらない。

ということは、社会体制は基本的に更新されないので、それに規定される個人の意識も、違和感は増大しても、次の展望を得るまでに至るはずもない。

しかし、私に言わせれば、バブル以後の社会変動の根底には、我々には定かに見えぬまま、市場と資本による身体性の消去という力が一貫して作用し続けていたと思う。人間の身体的欲望を実現する手段だったはずのお金が、それ自体目的化（お金の自己回転＝資本の自己増殖）して、さらにお金儲けの手段だったはずの情報が、また自己目的化（情報社会）する。「キャッシュレス社会」とか「電子マネー」と言う概念は、市場と資本が、もはやお金ではなく情報の自己増殖に依存していることを意味するだろう。

すると次には、情報を流通させる手段であるデジタルシステムそれ自体の維持と拡大が、自己目的化していくのではないか？

　昨今世上で問題にされているＧＡＦＡと呼ばれる巨大ＩＴ企業の活動をめぐる世界的な議論は、その一例のように私には思える。

　資本が欲望するシステムの巨大化が、人間の存在の仕方を左右する段階にまで達しつつあるとすれば、このとき、システムにとって身体はまるで無駄で邪魔にしかならない。その「部品」としてはチップであればいいし、そうであるべきだろう。

　ならば、現今急激に進展するＩＴ・ＡＩ技術は、まさに身体性の消去を目指す技術とも言える。バーチャルリアリティ、人工知能、ロボット・サイボーグ技術、それらはまさに身体性の代替と拡大がテーマである。これは言い方を変えれば、身体性の消去を目指していることだ。

　今般のウイルス禍は、この「身体性の消去」という潜在していた時代の動向、すなわち市場と資本に潜在する志向を一気に可視化して、万民にあからさまに見せつけた。それが「ソーシャルディスタンス」という「新たな生活様式」だろう。けだしそれは、ポストコロナの社会体制の別名になるかもしれない。

　この「ソーシャルディスタンス」を徹底すれば、それはすなわち、身体を媒介とするコミュニケーションを排除することに他ならない。もちろん、今後ワクチンや特効薬が開発され普及して、現今のウイルス禍が終息すれば、徹底した排除には至らないはずだ。しかし、「ソーシャルディスタンス」を要求する体制と、それが規定する意識は、そう簡単に解消しないだろう。だとすれば、その「ディスタンス」をことごとくＩＴ技術で埋め合わすことができたあかつきには、コストのかかる人間の身体性は極限まで消去され、我々の活動はデジタルシステムに決定的に依存し、かつ統合されて、従来の「人間」という存在の仕方は終わりを迎える、という可能性は否定できない。

「無症状感染者」という〝他者〟

ところが、それとは逆に、今回のウイルス禍は、我々の社会が長らく等閑に付してきた身体性を、再び呼び覚ました。つまり、ウイルスが我々に「死」を広く強く意識させたのである。

我々が経験可能な「死」は、他者の身体の物理的消滅以外に無い。それを我が身に引き写すことで、我々は「死」の観念を得たのである。

さらにまた、ウイルスは多くの場合、野生動物から人間に感染する。今回もその疑いは濃厚である。ということは、市場と資本の拡大が資源開発を通じて、ウイルスを「自然」から社会に呼び込んだということだ。

そして、奇しくも今人類は、市場と資本の拡大がもたらしたであろう気候変動の危機にさらされている。つまり、ウイルスと気候変動という「自然」は、その災禍と危機において、今我々の身体性を強く刺激しているのである。

もう一つ。このウイルスは「無症状感染者」なる存在を登場させた。出会う誰が罹患しているかが、定かにわからないのである。これは、他者が他者であることの核心、つまり「他者」の他者性を見事に象徴している。

「他者」は根源的にわからない。そのわからなさは、「絶対に」わからないのとは違う。わかるところもあるが、わからないところもある。わかったと思ったらわからなくなり、わからなかったはずが、わかるようになる。その「わかる」「わからない」の境目がわからない、という「わからなさ」なのである。「他者」はそのような根源的存在なのである。我々が人に嘘が吐け、人から騙されるのは、「わからない」という根源性ゆえなのだ。

この「他者」は、何よりもまず身体として現前する。そうでなければ、スイッチをオフにして、不愉快な「わからなさ」を丸ごと消してしまえばよいのだ。「わからない他者」は身体によって、身体において、「自己」の身体に対して現前する。

「無症状感染者」はそのような他者性の象徴であり、現実である。

以上に述べた「死」「自然」「他者」は、身体において存在する「自己」を決定的に規定する。我々が「自己」であるのは、それが「死」における、「自然」における、「他者」における存在でいる限りなのであり、それらはすべて身体に媒介されている。

我々がかろうじて持ちうる「死」のイメージは、身体の消滅以外に無く、もっとも我々に切実な「自然」は自分の身体だ。その身体を与え、「自己の」身体として仕立て上げたのが、「親」を主とする「他者」である。

ウイルスは、このような身体の致命的意味を、我々に強烈なインパクトで想起させたのだ。「エッセンシャルワーク」という、いささか偽善的な匂いがしないでもないターム（私の偏見。あしからず）が今更ながら持ち出されてきたのは、単にそれが日常生活に不可欠だという単純な感覚ゆえではない。身体の意味がリアルに想起されたから、その仕事がエッセンシャルだとわかったのである。

自己・所有・貨幣（資本）

かくして、一方に「不要不急」に拡大した資本と市場があり、他方に「必要至急」なものが何かを示す身体がある。このとき、「自己」とは、「身体における存在」である。だとすると、小論冒頭で述べたことをもう一度検討しなければならない。

我々の「存在」は「不要不急」である。しかし、我々の「身体」は、それを維持して「自己」であるために何が「必要至急」なのか、端的に教える。つまり、「自己」は常に、「不要不急」と「必要至急」に引き裂かれた存在なのだ。

身体が「必要至急」だとするものの大よそを調達するのが「エッセンシャルワーク」であることとは、まず見やすい道理だろう。

では、「自己」の存在と資本は、どのような「不要不急」的関係にあるのだろうか。「自己」と呼ばれる存在の仕方には、根拠が欠けている。その意味でその存在を「必要」「至急」とする理由がないから、「不要不急」と言えるだろう──先に私はそう述べておいた。

これは考えてみれば辛い話で、そこに根拠や理由、意味が欲しくなるのは人情である。だから、古今東西、様々な神や理念、イデオロギーが発明されて、いわゆる「自己」のアイデンティティーを保証する根拠に使用されてきたのだ。

しかし、ルネサンス以後のヨーロッパを嚆矢として、神や理念の存在感が急速に低下すると、「自己」の根拠を代替するものが必要になる。

その始まりこそ、あのデカルトが持ち出した、神がバックアップする、「考える理性」としての「自己」である。しかし、これも「神が死んだ」（ニーチェ）時代になると、神の後ろ盾の無い「自己」を構想するしかない。つまり、「考える理性」それ自体を、新たな根拠として仕立てるのである。

すると、考えの正当性は、考えたとおりに現実がなるのかどうか、ということで測られるだろう（近代科学の理論と実験の関係）。

つまり、「自己」の思いどおりになるかどうかが、「自己」の存在を強化し、保証することになる。

資本主義の根本原理である「私的所有」とは、正に対象物を（廃棄を含めて）思いどおりにできることである。すると当然、資本主義市場が規定する社会では、多く所有する「自己」こそ存在の強度が高くなる（「金の無いのは首の無いのと同じ」）。

それは、所有行為によって「自己」の存在を根拠づけることである。ならば、諸行無常を標榜して、「自己」それ自体の存在を錯覚に過ぎないと考える仏教が、返す刀で私的所有に極めて否定的な態度を示すのは、実に当たり前である。

このとき、貨幣は人間の所有への欲望そのものの物質化である。貨幣の意味とは「何でも買える」ということであり、特定の欲望にも、特定の物質にも関係ない。ということは、貨幣への欲望は、特定の何かを対象にしない以上、際限がない。それは所有への無限の欲望となる。

では、人間はなぜ、無限の所有欲を持つのか。それは、資本主義市場社会において、「何でも買える」が「思いどおりにできる」に直結するからである（「人の心も金で買える」と言ったＩＴ企業経営者がいた）。

「自己」の根拠は錯覚にすぎない。だとすれば、いくら「思いどおりにできる」行為を繰り返しても、結局は「根拠の飢餓」は癒されることはない。つまり、所有と貨幣への欲望は尽きないことになる。

すると最終的には、「思いどおりにできる」という「人間的な」欲望は、その人間性が無効になり、「思いどおりにできる」観念を具象化した貨幣の、自己増殖過程だけが残ることになる。

ちなみに、仏教はその初期、修行僧が貨幣に触れることを禁じた。今でも厳格にそのルールを守る者は、自らの手ではなく在家信者や盆などを介してしか、貨幣を扱わないそうである。

「遊戯」の領域——身体と貨幣の狭間

「自己」の存在に根拠が無いこと、つまり「不要不急」であることを、資本・貨幣の所有によって根拠づける行為、つまり「必要至急」な存在に転換する際限の無い作業——これが、現代の経済が圧倒的な量の「不要不急」で「非本質的」な仕事で成り立つ理由である。

「自己」は「身体において存在する」と私は言った。その「身体」が必要至急とするものを、「本質的な」仕事が提供する。同時に、「不要不急」の存在は、現代社会において貨幣を欲望して、錯覚的に「自己」を根拠づけようとする。この矛盾。ねじれ。

実際、「自己」は身体のみを必要として「自己」たり得ているわけではない。「存在」のすべてが身体に規定されるなら、それは「人間」ではなくて「動物」の存在様式である。異教にいわく、「人はパンのみにて生きるにあらず」「衣食足りて礼節を知る」。

今や問題は、「不要不急」と「必要至急」の間である。貨幣と身体の矛盾である。この「間」と「矛盾」の領域こそ「身体において存在する」事態そのものなのだ。

おそらく、この領域、つまり、要不要と急不急で割り切れない次元、人間が「自己」として、「身体において存在する」事態の意味そのものを問うのが、宗教、思想、芸術などの役割であり、意味のはずである。要が何か、不要が何か、急とはどういうことで、不急とはどんな状態か。これらの問いは、その手前の領域への問いから問い直され、新たな問いに再構成されなければならない。

ポストコロナの時代には、ポストコロナの時代の要不要があり、急不急があるはずである。その問いを可能にする、より深い問いが、ウイルス禍の今求められているのではないか。

要でも不要でもなく、急でも不急でもない行為があるとすれば、それは遊びであろう。

仏教には古来、「遊戯（ゆげ・ゆけ）」という、悟りの境地を意味する言葉がある。禅家では『無門関』と言う禅問答集に「遊戯三昧」という語が出て来るし、諸国を巡って修行・教化する念仏僧を「遊行《ゆぎょう》上人」と呼んだ。また『法華経』は、観世音菩薩がこの世界で衆生を苦しみから救う様を、「娑婆世界（この世）に遊ぶ」と表現している。

その他、中国の『荘子』では、人間と世界が一体化した状態を「遊」と言う。

西洋ではプラトンが、人間の最善の生き方を「神の玩具」になって自ら楽しむことだと説き、近くはニーチェが世界の生成や「超人」的人間による創造活動を「遊戯」と表現している。あるいはホイジンガの『ホモ・ルーデンス』は、人間の本質に「遊び」を見る思想である。

これらの言説はいずれも「遊」の言葉で、何ものにも囚われない境地、自由自在の活動を意味しているのだろう。

しかし、本当に「囚われない」なら、それは境地を規定する本質が欠けているからであり、あくまでも自由自在であろうとすれば、活動を拘束するいかなる意味も根拠も求めてはならない。それはすなわち、諸行無常の実存を生きることに等しいだろう。

要不要、急不急の手前に開かれているのは、無常の実存であり、そこに敢えて「遊ぶ」には覚悟がいるに違いない。今や我々はその覚悟を決め、「身体において存在する」領域を遊戯して、自らの生を問う新しい「作法」を見出すべきなのだ、と私は思う。

Ⓢ新潮新書

915

不要不急《ふようふきゅう》

苦境《くきょう》と向《む》き合《あ》う仏教《ぶっきょう》の智慧《ちえ》

著者 横田南嶺《よこたなんれい》・細川晋輔《ほそかわしんすけ》・藤田一照《ふじたいっしょう》
阿純章《おかじゅんしょう》・ネルケ無方《むほう》・露《つゆ》の団姫《まるこ》
松島靖朗《まつしませいろう》・白川密成《しらかわみっせい》・松本紹圭《まつもとしょうけい》
南直哉《みなみじきさい》

2021年7月20日　発行

発行者　佐藤隆信

発行所　株式会社新潮社

〒162-8711　東京都新宿区矢来町71番地
編集部(03)3266-5430　読者係(03)3266-5111
https://www.shinchosha.co.jp
装幀　新潮社装幀室

印刷所　株式会社光邦

製本所　株式会社大進堂

ISBN978-4-10-610915-7 C0215

価格はカバーに表示してあります。